Sommaire

La première fois qu'apparaît un mot
relevant d'un vocabulaire spécialisé, explicité
dans le glossaire, il est suivi d'un *

LES BANLIEUES

DO**MI**NOS

Collection dirigée par Michel Serres
et Nayla Farouki

HERVÉ VIEILLARD-BARON
LES BANLIEUES

Un exposé pour comprendre
Un essai pour réfléchir

DOMINOS
Flammarion

Hervé Vieillard-Baron. Agrégé de géographie, maître de conférences à l'Institut universitaire de formation des maîtres de l'académie de Versailles, Hervé Vieillard-Baron est titulaire d'une thèse sur le risque du «ghetto» dans la région parisienne. Il a commencé ses recherches sur les banlieues en 1972 au sein d'une équipe de prévention, comme volontaire de l'association ATD Quart-Monde ; il les a poursuivies au lycée technique de Sarcelles où il a enseigné treize ans. En tant qu'expert, il a participé en 1992 à l'évaluation nationale de la «politique de la ville» et à la mise en œuvre en 1995 de grands projets urbains.

Outre divers articles spécialisés et un recueil de poésies, il a publié récemment un essai, *Banlieues, ghetto impossible*, aux Editions de l'Aube-Poche en 1996. Il est l'auteur d'un film de géographie, *Les Banlieues en question,* produit par le Centre national de documentation pédagogique et la Cinquième Chaîne en 1996, et d'un film intitulé *Réussir en zone d'éducation prioritaire* produit par le centre IUFM de Saint-Germain-en-Laye.

© Flammarion 1996
ISBN : 2-08-035442-6
Imprimé en France

Avant-propos

L a banlieue, toujours la banlieue ! A croire que la banlieue a envahi la France comme les loups, jadis, envahirent Paris… Que l'on évoque l'exclusion, le chômage, l'insécurité, le travail au noir, le terrorisme, les ghettos*, c'est vers elle que chacun se tourne. Elle semble le détour obligé de tous ceux qui cherchent à comprendre la crise de la société : de thèse en anti-thèse, elle alimente les polémiques et renvoie dos à dos chercheurs et responsables politiques.

Surchargée de bourreaux et de victimes, elle évoque paradoxalement le vide de la relation et le désenchantement du monde urbain. Dans la grisaille des agglomérations* tentaculaires, les cités périphé-riques seraient devenues l'expression paroxystique de la dégradation sociale, sans autre forme de reconnais-sance que d'être montrées du doigt.

Et pourtant, depuis la Seconde Guerre mondiale, c'est la banlieue qui a accueilli les trois quarts de la croissance urbaine française, jusqu'à rassembler près de dix-neuf millions d'habitants en 1996. C'est d'elle que sont venus les signes les plus remarquables de vitalité : dynamisme démographique, vigueur économique stimulée par la création de nombreuses entreprises industrielles et tertiaires, affirmation des pratiques citoyennes conduisant à un renouveau des associations et des solidarités, foisonnement culturel avec les nombreuses personnalités qu'elle a vues naître, les pièces de théâtre, compositions musicales, romans ou films qu'elle a suscités...

Aujourd'hui, la banlieue fait partie de notre quotidien comme la pièce de monnaie inégalement polie par les caprices du temps. Côté face : lieu de résidence ordinaire, accepté par choix ou par nécessité mais d'une banalité sans conséquence. Côté pile : terre étrangère, délinquance, drogue, misères cumulées, territoire des «bannis» qui renvoie à l'intimité repoussante de l'homme, celle qu'on rejette dans la grande nasse de l'exclusion pour mieux l'ignorer.

Contaminée par les miasmes de la ville, «la banlieue va mal» ; tout au moins, c'est ce qu'on raconte à son propos. Ses quartiers* sont «sensibles» et ses membres ont subi des fractures douloureuses. En dépit de soins irrégulièrement portés, il est vrai, le traumatisme n'a pas été surmonté. Les docteurs sont partagés. Certains spécialistes préconisent une médecine douce : traitement physique, replâtrage, réhabilitation, isolation, désenclavement. D'autres préfèrent un traitement de choc pour prévenir le risque du «ghetto» ; ils proposent de retirer l'abcès, de détruire ce qui est irrécupérable, ou encore de raccommoder les tissus et de reconstituer les réseaux défaillants.

Pour affiner le diagnostic et se garantir contre les risques futurs, il leur faut remonter dans le passé, retrouver les limites qui séparaient la ville de la campagne et qui se sont déplacées au fil des années avec le labeur des hommes, leurs migrations quotidiennes, leur énergie mise à construire, à séparer ou à réunir.

Pour mémoire, la banlieue, un peu comme une série dramatique, fut d'abord un chantier commencé aux portes de la ville, mais jamais terminé ; ensuite une histoire plutôt pauvre, sans origine clairement attestée, sans intrigue bien définie ni dénouement prévisible ; enfin, un rassemblement d'acteurs : décideurs politiques, peuple « citoyen », minorités ethniques et ombres clandestines.

Dans les affres du présent, la banlieue ne se prête pas aux incantations. Elle est d'abord habitée et demande à être visitée avec des yeux neufs. Pour la comprendre, il faut en retrouver l'histoire, sans tomber dans le piège des amalgames et de la mémoire falsificatrice. On pourra en lire la trame principale et la diversité si l'on tient à distance l'ordre du jour imposé par l'actualité. Un long travail de terrain engagé sur quelques sites, le soupçon vis-à-vis des vérités péremptoires et la recherche modeste de l'intelligibilité guident le propos.

**« Bords de Seine
à Nanterre,
le quai Saint-Sganzin ».**

*Dans cette toile datée de 1904,
Maurice de Vlaminck donne
une image apaisée des rives
de la Seine, alors que celles-ci
sont en train de devenir le couloir
industriel de la banlieue, en aval
de Paris. Juste avant la Première
Guerre mondiale, Nanterre est
une ville de vingt-cinq mille
habitants qui participe
à l'alimentation de la capitale
par ses cultures maraîchères
et à la construction de l'habitat
par ses sablières et ses nombreuses
carrières.*
Ph. Giraudon © ADAGP, Paris,
1997.

La genèse
des banlieues

Des définitions multiples et ambiguës

Une approche juridique au Moyen Age

Les premières définitions de la banlieue sont étroitement liées à l'approche institutionnelle de la ville au Moyen Age. Elles puisent aux origines de la langue. Le mot est formé de la racine germanique *ban* – qui désigne non seulement l'autorité du suzerain sur ses domaines par proclamation publique mais aussi la censure et l'exclusion – et du latin *leuca* (la lieue) usité dès l'époque gallo-romaine. La lieue servait alors à désigner aussi bien l'unité de distance que le temps mis à parcourir à pied l'espace d'une lieue, soit une heure environ.

«Ban-lieue» apparaît pour la première fois, pour autant qu'on puisse en juger à partir des archives, dans un texte picard daté de la fin du XIIe siècle, mais son équivalent latin (*banni-leuca*) a été relevé dans des documents de 1036 concernant la ville d'Arras. Le principe d'un espace annulaire entourant un noyau urbain est plus ancien : dès le haut Moyen Age, il existe des districts dénommés *oppidum* ou *terminum urbis* considérés par tous comme du ressort de l'autorité ecclésiastique à l'époque. L'enceinte de la ville ne joue pas un rôle juridique, mais un simple rôle militaire. La véritable frontière sépare le territoire labouré de l'espace inculte. Transmise par la tradition orale, l'étendue reconnue de la future «banlieue» dépendait largement des obstacles physiques (talus, cours d'eau, végétation) et de l'implantation des fiefs périphériques. Les contestations ont donné lieu à des bornages visibles au bord des chemins et, souvent, à des notices écrites précisant les choses.

La valeur à donner à la lieue varie d'un pays et d'une époque à l'autre : de 2 200 mètres environ pour la lieue celte (dite aussi lieue gauloise), à 7 400 mètres pour la lieue de l'Empire germanique. La lieue française, la plus utilisée au Moyen Age, vaut deux lieues celtes, soit 4 440 mètres, c'est-à-dire 3 miles romains, ou 24 stades.

Le caractère concentrique de cette banlieue qui trace le seuil de la campagne profonde est davantage une vue de l'esprit qu'une réalité historique. Toutes les villes n'ont pas de limites circulaires ni de centre unique. En Bretagne par exemple, Vitré se développe au XIIᵉ siècle autour de cinq noyaux différents. Il est vrai aussi que la représentation du centre qui implique celle de l'équidistance et de la circonférence ne s'acquiert que progressivement à l'époque médiévale. De plus, le même «ban» peut concerner des bourgs différents, et une seule ville peut avoir sous sa responsabilité plusieurs bans, comme l'attestent des documents lorrains du XIVᵉ siècle.

Les paysans qui travaillent dans le secteur sont obligés de moudre leur grain au moulin banal et de cuire leur pain au four banal («du ban»), aussi lui donne-t-on souvent le nom de «banlieue de moulin». Le seigneur, l'abbé ou les bourgeois qui représentent l'autorité locale y exercent le droit de «ban», c'est-à-dire le droit d'ordonner, de juger, de faire payer une redevance. La rédaction tardive de ce droit apparaît comme l'aboutissement d'une coutume qui a été sujette à de multiples modifications.

Avec le temps, les règles se sont précisées : les habitants de la banlieue doivent contribuer à l'alimentation et à la défense de la cité. Ils ont le devoir d'entretenir les fortifications et de combattre dans les rangs de la milice urbaine, mais ils sont exemptés de toute redevance sur les produits qui sont amenés au marché de la ville. Il est interdit aux artisans de s'y installer pour ne pas empiéter sur les privilèges des corporations qui s'affirment au cœur de la cité médiévale. En somme, la complémentarité entre la ville et l'espace qui l'entoure, entre le centre qui protège et la ceinture qui nourrit, semble aussi étroite que nécessaire.

A la différence de la banlieue, les faubourgs (de l'ancien français «fors-borc», étymologiquement «le bourg hors de l'enceinte») qui se développent en temps de paix ont une signification économique exclusive. Foyers d'activités commerciales et germes de peuplement, ces petits ensembles urbains hors les murs se situent près des portes, le long des routes et aux abords des ponts qui donnent accès à la ville. A Limoges par exemple, un faubourg s'est développé dès le XIIIᵉ siècle sur la rive gauche de la Vienne, entre les ponts Saint-Étienne et Saint-Martial, sur le chemin des pèlerins de Saint-Jacques-de-Compostelle. Ceux qui n'avaient pas les moyens de payer pour entrer dans la ville s'installaient à proximité pour passer la nuit. Plus tard, la coutume distingua les citadins des « ponticauds » (c'est-à-dire « ceux du pont Saint-Martial »), et toute une vie locale anima la berge extérieure de la Vienne, avec ses lavandières, ses ateliers d'artisans, ses petites industries et ses habitations hétéroclites. On y a construit, au début des années 70, la cité HLM des Portes Ferrées, dont le nom évoque les anciennes portes de la ville.

La partie qui jouxte les remparts et qui est souvent la plus active peut être totalement annexée par les autorités municipales ; dans ce cas, l'enceinte est reportée au-delà. Un tel phénomène s'est produit à plusieurs reprises pour de nombreuses villes : Paris, Lyon, Bordeaux, Bourges, etc. En schématisant, on pourrait dire que l'avenir de la banlieue est le faubourg, puis l'intégration à part entière dans la ville.

Entre le XVIIᵉ siècle et la fin du XVIIIᵉ siècle, la « banlieue » connaît une destinée fluctuante. Le mot reste largement confiné à la terminologie des juristes et des historiens : tantôt il définit l'étendue de la juridiction des magistrats de la ville, tantôt il se rapporte simplement à « une certaine étendue de pays qui est autour d'une ville et qui en dépend », comme le note le *Dictionnaire de l'Académie française* en 1718.

L'usage du mot se transforme sous la Restauration. La banlieue commence alors à s'inscrire dans un système de valeurs qui opposent Paris à la province, et, plus généralement, la ville à tout ce qui l'entoure. Le mot se charge d'appréciations qualitatives. Les principes de hiérarchie urbaine et de division sociale de l'espace se précisent.

Après la forme grammaticale « de la banlieue », qui met en valeur l'article défini « la », la désignation « de banlieue » apparaît dans les textes, comme celle « de province » à la même époque. Écrivains et journalistes parlent du médecin « de province », et de l'ouvrier « de banlieue » ; ils évoquent le théâtre « de province », comme le bistro « de banlieue ».

En deux siècles, la banlieue a donc perdu son acception juridique pour prendre le sens de périphérie urbaine dépendante. La banlieue contemporaine est née de l'augmentation démographique, de l'exode rural et surtout de la révolution industrielle, avec l'évolution des moyens de transport. Après la route, le chemin de fer trace les directions de l'urbanisation.

A partir du XIXe siècle, Paris renvoie vers la banlieue la population qu'elle ne peut plus loger, mais moins systématiquement qu'on ne le croit souvent ; et la campagne envoie les hommes qu'elle ne peut plus nourrir vers les grandes agglomérations. La banlieue parisienne, qui est la seule reconnue à l'époque, devient un exutoire pour les activités encombrantes et polluantes : carrières fournissant les matériaux nécessaires à la construction ou à la voirie (gypse, sable, argile, pierres de taille...), terrains militaires, gros ateliers, gares de triage, réservoirs d'eau, stations d'épuration, usines à gaz, centrales électriques, décharges, etc. De nombreux services liés à la santé et aux loisirs s'y installent : hôpitaux psychiatriques, hospices, maisons de repos, terrains de sport, hippodromes... Des cimetières parisiens «hors les murs» s'y développent successivement : à Ivry, Bagneux, Saint-Ouen, Pantin-Bobigny par exemple. Les formes de dépendance liant la ville à l'espace qui l'entoure ne cessent de s'amplifier.

Les définitions récentes sont statistiques

Aujourd'hui, la banlieue est un espace qui agglomère une grande diversité de lieux et de populations, aussi bien des communes qui ont bénéficié d'un accroissement démographique mesuré que de petits noyaux villageois brutalement agrandis par la construction des ensembles collectifs et des lotissements dans les années 1960. Les recensements ont permis d'en préciser les contours.

Après la suppression des anciennes notions administratives de ville, bourg et village par les députés de la Convention en 1793, les catégories urbaines se réfèrent à la «commune» : celle-ci constitue la base de la représentation électorale et le premier cadre institutionnel pour la collecte des données statistiques. Les nouvelles catégories sont définies par la Statistique générale de la France, puis par l'Institut national de la statistique et des études économiques (INSEE) qui lui succède en 1945. Des agglomérations multicommunales sont délimitées en 1954 ; la banlieue résulte alors d'une simple soustraction : c'est l'agglomération

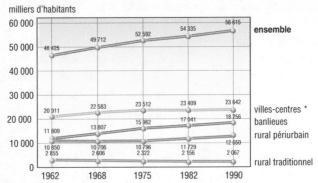

milliers d'habitants

* tous les résultats se réfèrent à la composition des unités urbaines et des ZPIU en 1990

Source : INSEE, recensements de la population.

Croissance de la population métropolitaine par type de commune (1962-1990).
Depuis 1975, la population métropolitaine s'est accrue de 0,5% par an. Cette faible augmentation masque une redistribution non négligeable. Les villes-centres se sont stabilisées. Les communes rurales périurbaines, après une période de stagnation, ont égalé, puis dépassé le taux de croissance des banlieues, avec une moyenne de 1 % par an depuis 1975. Les communes du milieu «rural traditionnel» perdent moins de population qu'auparavant.

moins la ville-centre, l'agglomération étant elle-même définie comme une unité urbaine rassemblant plusieurs communes reliées entre elles par des constructions jointives. Les terrains utilisés à des fins industrielles ou commerciales ou à des activités d'intérêt général (bois, jardins publics, routes, décharges...) ne sont pas pris en compte dans la distance maximale de deux cents mètres qui doit séparer par convention les habitations agglomérées.

La continuité de l'habitat est repérée régulièrement sur les cartes et photos aériennes de l'Institut géographique national.

Depuis 1954, l'INSEE redéfinit, après chaque recensement, le périmètre de l'agglomération en tenant compte de l'emprise au sol des nouvelles constructions. Ainsi la banlieue parisienne est passée de 279 communes en 1968 à 309 en 1975. Elle comprend 378 communes en 1990. Les banlieues de Lyon, Lille et Bordeaux comptent respectivement 83, 54 et 39 communes.

En période de forte urbanisation, les banlieues ne cessent de croître. Les communes de l'ancien département de la Seine, à l'exclusion de Paris, totalisaient 31 % des habitants en 1911, contre 19 % seulement en 1881. L'emploi industriel triplait pendant la même période au point de faire de la Seine le département le plus industrialisé de France à la veille de la Grande Guerre.

Au niveau national, la population des banlieues a augmenté de 6,5 % entre 1975 et 1982 et de 7 % entre 1982 et 1990. Selon l'INSEE, les banlieues regroupaient 18,2 millions d'habitants en 1990, contre 16,4 en 1982 et 15,5 en 1975 (soit 415 000 banlieusards de plus entre 1982 et 1990, rien que pour les villes de plus de 200 000 habitants, et 337 000 pour la seule région parisienne). En revanche, la population des villes centrales s'est stabilisée autour de 23,5 millions depuis une vingtaine d'années. Le retour observé vers le noyau central entre 1982 et 1990 reste modeste.

L'espace situé entre l'agglomération et le «rural profond» est dénommé de façon ambiguë «rural périurbain*», mais il ne fait pas partie de la banlieue *stricto sensu*, même si les non-spécialistes le dénomment parfois «banlieue très lointaine» ou «très grande couronne». Cet espace présenté comme «intermédiaire» regroupe des villages, des petites villes, des exploitations agricoles, et des concentrations de populations constituées de lotissements pavillonnaires ou de «cités» sans autonomie structurelle. Il est intégré dans les zones de peuplement industriel et urbain (ZPIU) qui ont été délimitées par l'INSEE à partir de 1962. Ces ZPIU, qui agglomèrent ville-centre, banlieue et domaine périurbain, sont repérées par l'attraction* du centre, et non par la continuité des surfaces bâties. On prend en compte, pour définir le rural périurbain, la croissance démographique, le nombre et la taille des entreprises qui s'y trouvent, le pourcentage de la population non agricole et la part des migrations journalières «domicile-travail».

Le dernier recensement a montré que cette zone* périurbaine avait enregistré le plus fort taux de croissance depuis 1982. Elle rassemble aujourd'hui plus de 12 millions d'habitants. Pour la période intercensitaire 1982-1990, le gain d'un million s'explique par un solde migratoire très largement positif : les individus qui sont arrivés dans cette couronne sont quatre fois supérieurs en nombre aux individus qui en sont partis. Les taux de croissance les plus élevés ont été enregistrés, par ordre d'importance, autour de Marseille, Nice, Paris, Lyon, Toulouse, Lille,

Bordeaux et Nantes. En revanche, 82 % de la croissance des banlieues proprement dite provient du solde naturel, c'est-à-dire de la différence entre le nombre des naissances et celui des décès.

Les progressions les plus spectaculaires sont enregistrées par les cinq villes nouvelles parisiennes (Cergy, Saint-Quentin-en-Yvelines, Évry, Sénart, Marne-la-Vallée) : elles canalisent depuis 1982 le tiers de la croissance de l'Ile-de-France. Avec l'étalement de l'urbanisation, elles sont aujourd'hui intégrées dans l'agglomération ; elles n'échappent pas à l'attraction de la capitale et de ses larges bassins d'emplois. Elles sont peuplées en majorité de «Franciliens» venus de secteurs plus centraux, et sont désormais considérées comme de nouvelles banlieues, sans doute plus aérées et mieux dotées en équipements sportifs ou culturels que les anciennes, mais en aucun cas comme les germes d'une identité urbaine originale.

Sauf exception, le domaine périurbain qui entoure l'agglomération est d'autant plus vaste que celle-ci est peuplée. L'expansion continue des ZPIU laisserait croire, si l'on n'y prenait garde, à la disparition prochaine des campagnes : ces zones englobaient en 1982 la moitié du territoire métropolitain, et, déjà, les trois quarts en 1990. Leur population s'élevait alors à 54,5 millions, soit 96 % de la population métropolitaine. Même si l'influence des villes sur les campagnes environnantes ne cessent de s'élargir, même si les valeurs urbaines diffusées par les médias sont aujourd'hui partagées par tous, on aurait tort d'en conclure

Lotissement de Courdimanche (Val-d'Oise). *Aux franges externes des agglomérations, les lotissements bénéficiant de prêts aidés par l'État permettent aux jeunes ménages des couches moyennes d'accéder à la propriété. Mais l'éloignement et l'insuffisance des équipements engendrent des contraintes multiples, à côté de la monotonie suscitée par l'uniformité des maisons. Ce quartier de Courdimanche a été construit à la fin des années 80, à proximité du parc de loisirs de Mirapolis ; avec Cergy-le-Haut, c'est le dernier quartier de la ville nouvelle de Cergy-Pontoise, au nord-ouest de Paris.* Ph. © D. Reperant/Explorer.

que 96 % de la population française « vit en ville » et adopte des modes de vie identiques. Ce sentiment résulte, en fait, de l'illusion statistique engendrée par la définition initiale des ZPIU. Le problème s'était déjà posé avant 1954, mais à l'inverse puisqu'on classait alors comme «rurales» les petites communes greffées sur l'agglomération et n'atteignant pas le seuil des deux mille habitants groupés. On survalorisait alors la dimension rurale de la France sans voir que le pays s'urbanisait à grande vitesse. Pour mieux rendre compte des processus d'attraction, l'INSEE cherche à définir des regroupements plus adaptés aux évolutions en cours.

Au final, il reste que la partition du territoire en zones de peuplement «rural» et zones de peuplement «urbain» ne s'accorde plus avec les réalités vécues, de même que l'approche de l'agglomération fondée sur l'opposition centre-périphérie. Les logiques des réseaux et les flux qui parcourent le territoire le soulignent clairement.

L'analyse informatique des données, en prenant en compte plusieurs dimensions, conduit à dépasser le cadre limitatif des communes ou, au contraire, à le fractionner ; elle permet d'établir des typologies par quartier qui donnent une vision précise de l'organisation de l'espace et des processus ségrégatifs. On observe par exemple dans les banlieues parisienne et lyonnaise que l'affaiblissement de la valeur du sol ne se produit pas régulièrement en couronnes concentriques selon l'éloignement du centre. Les écarts d'un îlot à l'autre sont considérables.

Si l'on s'en tient aux communes de la région parisienne, les recensements successifs montrent que certaines d'entre elles se prolétarisent avec une augmentation des ouvriers peu qualifiés, des chômeurs et des ouvriers retraités. D'autres s'embourgeoisent, notamment celles qui avaient déjà une proportion élevée de cadres (Neuilly, Sceaux, Versailles, Saint-Germain, Saint-Cloud, Saint-Maur,

Le Vésinet, Enghien, etc.). Ces communes diffusent l'augmentation de la valeur du sol. On y trouve souvent les plus vieux lycées de la banlieue, perçus eux-mêmes comme des pôles de la «qualité scolaire»; ils proposent aujourd'hui plusieurs langues rares et une série de classes préparatoires aux grandes écoles (par exemple les lycées Lakanal à Sceaux ou Hoche à Versailles).

Un mot qui s'exporte difficilement

La traduction du mot «banlieue» dans les langues étrangères ne peut être effectuée sans interrogation critique. Elle va bien au-delà d'un simple remplacement du mot à l'aide du dictionnaire : elle requiert une fidélité au sens et à la culture nationale.

En France, la banlieue évoque des communes périphériques tout à la fois jalouses de leurs préroga- tives et en situation de dépendance. Elle fait référence à une mosaïque complexe, mélange d'architectures, d'activités, de friches et de reliquats de formes rurales. Elle renvoie aux noyaux villageois médiévaux, aux villégiatures aristocratiques, aux lotissements popu- laires ou «résidentiels», à la massivité des grands ensembles★ et aux manifestations plus lointaines de la périurbanisation.

En Angleterre aussi, la notion de banlieue *(suburb)* ne recouvre pas d'entité administrative globale. La cellule de base est le district, chapeauté par le comté dans le cas des districts non métropolitains. L'opposition française «ville-centre/banlieue» n'est pas strictement comparable au découpage anglais *inner city/outer city*, au moins en ce qui concerne les deux capitales Paris et Londres où les oppositions Est/Ouest semblent plus pertinentes.

Les *inner cities*, qui correspondent à la partie centrale de l'agglomération, sont plus souvent évoquées pour rendre compte des problèmes urbains que les *outer cities*, qui pourraient représenter la « grande banlieue ». Elles cumulent les difficultés sociales et économiques : en 1985, les logements sociaux représentaient 43 % des logements dans l'*Inner London,* contre 23 % dans l'*Outer London.*

D'une manière générale, les collectivités locales anglaises sont beaucoup moins nombreuses qu'en France. Elles sont très peuplées et dotées de larges champs de compétence : planification, services sociaux, éducation, transports, logement, environnement, loisirs. La morphologie de l'habitat est différente puisque 60 % des logements sociaux anglais sont des maisons accolées ou des pavillons (contre 2 % en France dans le cadre des financements HLM). A l'est de Londres, on trouve même un ensemble social de vingt-cinq mille maisons !

Au niveau de la gestion urbaine, les oppositions ont été particulièrement vives à l'époque de Mme Thatcher (1979-1990) entre les conservateurs et les travaillistes qui étaient majoritaires dans les zones urbaines. La suppression en 1986 du Conseil du Grand Londres *(Greater London)* qui donnait une existence juridique à l'agglomération, le contrôle des ressources locales, la mise en place de politiques de dérégulation sont autant d'éléments d'une stratégie visant à démanteler les fiefs municipaux détenus par les travaillistes.

En Allemagne, le vocabulaire est beaucoup plus précis et permet d'éviter les confusions avec la banlieue médiévale. *Vorstadt* correspond plutôt au faubourg, tandis que le mot *Vorort* se rapporte à la banlieue selon une approche plus technique, liée aux transports ou à la cartographie par exemple. Le vieux mot germanique *Bannmeile* (ou *Bannmille*), qui est le pendant du mot français «banlieue», ne s'applique pas à la périphérie urbaine, mais au périmètre de sécurité maintenu autour d'un bâtiment public. Le terme désuet de *Weichbild* rappelle l'enceinte de la ville ancienne. Pour rendre compte des «problèmes de banlieue», certains sociologues allemands reprennent le terme français *(die Banlieue)*.

Cela dit, l'urbanisation massive de quelques Länder (comme celui de Rhénanie-Westphalie) et le grand nombre de noyaux urbains rendent caduque toute approche systématique de type «centre/périphérie», un peu comme dans le nord de la France ou dans les pays du Benelux.

Où commence la banlieue dans une région industrielle de forte densité ? Quelles limites donner à une conurbation et à partir de quel centre établir une hiérarchie urbaine ?

Néanmoins, de nombreux secteurs urbanisés connaissent des difficultés comparables à celles de nos banlieues (marginalisation*, exclusion des immigrés, paupérisation...) : ce sont souvent de petits îlots (dénommés *Brennpunkte*, « points chauds ») situés dans les centres-villes ou dans les faubourgs proches.

Quelques grands ensembles à l'Ouest ont des problèmes qui rappellent ceux des groupes français. Dans l'ex-Allemagne de l'Est, l'histoire urbaine est fort différente depuis 1945 : les grandes unités collectives construites par le régime communiste ont été appropriées positivement par les locataires. Les ensembles de Marzahn et de Hellersdorf dans l'ancien Berlin-Est abritent chacun près de cent mille habitants. S'ils jouissent encore d'une bonne réputation, leur gigantisme crée d'autres contraintes qui sont sensibles depuis la réunification.

L'étude des villes brésiliennes, pour prendre un exemple en Amérique latine, paraît elle aussi riche d'enseignements. A Rio de Janeiro, le phénomène de périphérisation est lié à l'altitude. Le centre se localise dans les parties basses de l'agglomération. La partie planifiée, dénommée «le plan», s'étale dans la plaine ; elle s'oppose à la ville non planifiée, notamment aux *favelas* d'occupation illégale. La *favela*, longtemps associée au danger et à la criminalité, a fait figure «d'Afrique», autant dire d'archaïsme dans la modernité brésilienne, avant d'être partiellement récupérée par la musique et l'esthétisme des métissages. Parallèlement, la terminologie distingue les espaces selon l'éloignement du centre.

C'est au XVIIIᵉ siècle, au moment des délimitations coloniales du territoire urbain, qu'apparaît le mot *suburbio*, pour qualifier les environs d'une ville. Le terme est toujours utilisé au Brésil, tandis que le mot *arrabalde*, d'origine plus ancienne, y est devenu obsolète, tout en étant encore usité au Portugal.

En portugais, l'*arrabalde* s'applique à la partie de la ville non soumise aux impôts, qui se localise à l'extérieur de l'enceinte, et, par extension, aux communes de banlieue. Certains linguistes rattachent ce mot au terme hébreu *rabab* (multiplier), les *arrabaldes* représentant alors le peuple qui s'est multiplié et qui a construit ses habitations à l'extérieur parce que celles-ci n'entraient plus dans l'espace de la ville. D'autres spécialistes font dériver *arrabaldes* du mot arabe *errebalu*, issu du verbe *revele* qui signifie «porter sur les hanches» : ceux qui vivent dans les *arrabaldes* seraient ainsi les habitants des «flancs» de la ville dès le XVIIIᵉ siècle.

Aux États-Unis, le terme *suburb* n'est pas équivalent à celui de «banlieue». L'histoire urbaine, les migrations des ménages et leurs représentations de la ville sont si différentes qu'on ne saurait confondre les deux mots. Les quartiers de pauvres et les ghettos noirs se concentrent dans les îlots prématurément vieillis des premiers établissements urbains, c'est-à-dire au centre des villes actuelles, tandis que les secteurs périphériques rassemblent l'habitat de l'immense classe moyenne qui s'est développée depuis un siècle. En 1990, les *suburbs* américaines abritaient plus de la moitié de la population du pays, soit cent trente millions de personnes. Elles représentent une telle surface et une telle population qu'elles constituent non pas des satellites des villes centrales, mais de nouvelles villes en bordure des anciennes, riches de centralités propres.

Peut-être préfigurent-elles la ville de l'avenir avec leur paysage de carte postale : alignement à perte de vue de villas plus ou moins cossues entourées de pelouses ; regroupement de restaurants, de supermarchés et de *video shops* au carrefour des voies principales ; bureaux de sociétés et firmes de haute technologie dans les zones d'activités...

A l'exception des CBD *(central business districts)* et des quartiers pauvres, la vie urbaine s'est déplacée en «banlieue» au point d'en effacer le caractère périphérique. La revue *Atlantic Monthly* présentait en 1992 les États-Unis comme une nation de banlieusards, avec une frange urbaine et une frange rurale...

Une histoire de banlieue

Une formation laborieuse de la Révolution à 1940

Pour simplifier, quatre faits essentiels président à la formation moderne des banlieues, puis à leur affirmation.

Le premier concerne l'organisation du territoire et les prérogatives municipales. Un siècle après la Convention qui crée les communes et leur donne la possibilité de percevoir des droits d'octroi, les Chambres votent en 1882 une loi qui étend leurs prérogatives : le maire, antérieurement désigné par le préfet, est désormais élu par le conseil municipal. Les communes qui administrent leurs propres affaires sont évidemment plus sensibles aux aspirations de leurs habitants qu'à la volonté de la ville-centre ; elles sauront en temps utile s'opposer à l'annexion, comme Villeurbanne et Rezé qui se défendront avec succès contre les tentatives hégémoniques de Lyon et de Nantes. La conscience d'être une ville à part entière est portée par de nouveaux enjeux locaux : création d'une gare ou d'un tramway, installation d'une école ou d'une mairie, développement de réseaux et de solidarités intercommunales, etc.

Le deuxième fait se rapporte à la croissance économique et aux transports. Les premières couronnes de Paris, de Lyon, de Bordeaux, de Toulouse, de Nantes et de Rouen par exemple sont le terrain de prédilection des entreprises industrielles ; après l'époque des « cayennes », c'est-à-dire des petits ateliers vivant de l'exploitation éhontée des ouvriers, elles donnent naissance aux ceintures « rouges » socialistes. On oppose alors les banlieues « résidentielles », marquées par un déficit d'emplois, aux banlieues ouvrières. La conscience d'appartenir à la banlieue se double souvent d'une « conscience de classe ». L'élan ainsi créé est porté par l'abondance des offres d'emploi. En 1891, Saint-Denis loge 13 500 ouvriers et compte 18 500 emplois industriels pour une population de 50 000 habitants. Villeurbanne, qui passe de 5 400 habitants en 1852 à 30 000 en 1901, offre plus de 10 000 emplois industriels à cette date.

Le troisième fait concerne les fortifications : leur déclassement puis leur démolition libéreront une couronne susceptible d'être urbanisée, tout en supprimant une limite symbolique. En dehors des très grandes villes, ce sont les villes proches des frontières, comme Lille ou Metz, qui en bénéficieront le plus.

Enfin, le dernier point se rapporte à la domination de la capitale : la banlieue moderne est d'abord un fait parisien. En 1901, la périphérie de Paris rassemble plus des trois quarts de la population banlieusarde de

France ; en 1990, elle en regroupe encore 40 %, soit sept millions d'individus. Il faut rappeler ici que, bien avant celles des autres capitales du monde, les limites de Paris sont pratiquement fixées en 1860, après les annexions qui donneront naissance aux huit derniers arrondissements.

Faire une chronologie tant soit peu scientifique de la formation des banlieues relève de l'impossible. Tout découpage est critiquable dans la mesure où il globalise ce qui est hétérogène dans l'espace, et où il méconnaît les décalages d'urbanisation au sein d'une même commune. En simplifiant, on peut toutefois distinguer, entre 1840 et 1935, trois périodes de lotissements, puis la phase des grands ensembles de 1955 à 1975, avant de retrouver une période mixte associant cités pavillonnaires et petits immeubles.

Les formes de l'urbanisation dépendent des anciens aménagements : modes d'exploitation agricole, tracé des chemins, nature des bordures (fossés ou talus). La taille et l'agencement des anciennes parcelles rurales sont souvent déterminants. Grossièrement, plus on s'éloigne de la ville, plus les parcelles sont grandes et avantageuses et plus il est aisé d'y développer des opérations d'urbanisme d'envergure.

Engagé dès la fin du XVIIᵉ siècle, l'exode aristocratique n'est pas sans conséquence sur la division sociale de l'espace périphérique. Il donne ses lettres de noblesse aux futures banlieues résidentielles : Versailles, Saint-Germain-en-Laye, Louveciennes, Marly, Saint-Cloud, Sceaux, etc. En 1878, le maire de Neuilly qualifie, sans l'ombre d'une hésitation, sa ville de «bourgeoise». Depuis plus d'un siècle, les environs du bois de Vincennes et les bords de Marne sont recherchés par les rentiers. Le privilège de l'ouest s'affirme cependant. Il se retrouve également dans la périphérie lyonnaise, du côté de Sainte-Foy, Charbonnières-les-Bains, Saint-Cyr par exemple.

Après la Révolution et jusqu'en 1860, certains aristocrates ruinés vendent tout ou partie de leurs propriétés à des hommes d'affaires qui entreprennent de les lotir en absorbant d'anciens hameaux ruraux. La bourgeoisie aisée en bénéficie, comme à Maisons-Laffitte, Saint-Maur ou Romainville. Cette première période, comme la deuxième qui s'étend de 1882 à 1910, résulte d'initiatives individuelles en l'absence d'engagement de l'État. La troisième phase, entre les deux guerres mondiales, bénéficie à partir de 1928 des premiers prêts publics. Dans le département de la Seine, la capitale mise à part, 5 à 10 % de la surface des communes étaient déjà lotis en 1935.

L'ancien marchand de vin Nicolas Levallois témoigne de cette volonté d'entreprendre. En 1845, il achète aux descendants du notaire de la famille Bonaparte une partie de la ferme de Courcelles. Il établit des plans avec un géomètre, délimite des lots, trace des rues, prévoit des places publiques et édifie une église. Il obtient en 1846 du conseil municipal de Clichy le nom de «village Levallois» pour son lotissement. Ses initiatives, qui préfigurent les techniques de vente de la promotion immobilière, rencontrent la concurrence du directeur des chemins de fer, l'ancien banquier Émile Pereire, qui achète par ailleurs des terrains à Clichy et à Asnières. En 1854, alors que Levallois compte deux mille habitants, s'ouvre la gare de Courcelles-Levallois sur la ligne Auteuil-Saint-Lazare. A la fin du second Empire, le village absorbe le Champ Perret, lui-même divisé en soixante-quinze lots de cinq cents mètres carrés environ ; il prend alors le nom de Levallois-Perret. L'implantation précoce des artisans, attirés par les prix avantageux, donne son caractère de banlieue ouvrière à la petite ville. La fabrication des cycles, puis des automobiles en fait la renommée avant 1914 ; elle détermine aussi l'exode de nombreux paysans de la Corrèze et de l'Aveyron. A la suite du Vésinet, loti en 1858 et érigé en municipalité en 1875, de nouvelles communes sont créées : Malakoff en 1883, Alfortville en 1885, Bois Colombes en 1895, La Garenne-Colombes en 1910, etc.

Plusieurs sociétés d'épargne qui puisaient leur dynamisme dans un passé de mutuelles ouvrières achètent des terrains et tracent des lots, mais elles ne s'engagent pas toujours à faire les travaux d'infrastructure. Elles se regroupent localement en fédération et disposent de journaux comme *Not cabane*, fondé en 1911. Ce périodique critique les «vibrations» de la ville et cherche à convaincre les petits épargnants des avantages de la vie à la campagne : «L'air vivifiant, le soleil à profusion, les plaisirs des jardins...» Il encourage déjà «le mélange et l'interpénétration des classes sociales. Le jour où il n'y aura plus aucun point de contact entre elles, ce sera la lutte et la barbarie renaissantes» («Vivez à la campagne», article anonyme, septembre 1913). Dix-sept de ces sociétés investiront à Goussainville, au sud de Roissy ; plusieurs lotissements portent encore leur nom : Batignolles, Clignancourt, Voltaire, La Fayette, La Nation, Les Buttes-Chaumont, etc.

La guerre de 1914 renforce la fonction industrielle des banlieues. Elle confirme l'agglomération parisienne dans son rôle de capitale industrielle de la France.

Il faut attendre 1928 pour que les lois Sarraut et Loucheur permettent aux acquéreurs d'obtenir des prêts avantageux. L'aide de l'État bénéficie à deux cent mille logements sur cinq ans, mais elle s'avère très insuffisante. Faut-il rappeler l'ampleur de la crise et la prolifération des lotissements défectueux ? Profitant de l'absence de réglementation, ces lotissements se construisent dans le plus grand désordre, contribuant à déprécier l'image de la banlieue. En 1927, une enquête soulignait que cent quatre-vingt-cinq mille lots n'étaient pas desservis par les réseaux ordinaires : ni eau potable, ni électricité, ni égouts... Certains «mal-lotis», regroupés en comité de défense comme ceux des Coudreaux (à proximité de Montfermeil, au nord-est de Paris), présentent dans le journal du même nom leur lotissement comme un «cloaque» immonde.

Ces formes d'appropriation laissent néanmoins une grande souplesse aux acquéreurs ; elles leur permettent de développer à loisir leur capacité d'invention. La «cabane» des débuts peut s'enrichir d'appendices, et le petit jardin de cultures potagères ou de clapiers, à la différence de l'habitat des années 60, encadré par des normes rigoureuses.

Ces lotissements sont accessibles aux populations très modestes ; ils les font entrer dans des logiques patrimoniales d'autant plus facilement qu'après les dévaluations de 1926, le sol devient un placement intéressant. En 1927, les acquéreurs de lots à Domont, en Seine-et-Oise, sont pour moitié des ouvriers ; les autres sont des artisans, des employés des services publics, de petits rentiers.

Les cités-jardins, développées à l'initiative d'Henri Sellier, maire socialiste de Suresnes de 1919 à 1939 et ministre de la Santé du Front populaire, expriment une conception de rechange, plus rationnelle et non spéculative du développement urbain. D'inspiration anglaise, elles associent, dans un espace aéré et ensoleillé, la maison individuelle à l'immeuble collectif, et relèvent d'un Office public d'habitation à bon marché (HBM*) préfigurant les organismes HLM. On en trouve des exemples remarquables à Suresnes (2 500 logements dont 173 individuels), au Plessis-Robinson, à Châtenay-Malabry, à Stains ou à Drancy, mais leur capacité d'accueil reste faible. Au total, vingt mille logements de ce type répartis dans une quinzaine de cités seront construits dans la région parisienne.

Le grand ensemble des Gratte-Ciel, inauguré en 1934 à Villeurbanne, procède d'une autre logique. Face à l'hôtel de ville et au palais du travail, il est l'expression même de la centralité. Les six blocs, rassemblant mille cinq cents logements, sont constitués de cellules dotées de charpentes métalliques et pourvus du confort moderne : eau chaude, ascenseur, vide-ordures, chauffage central, etc. La cour intérieure, symbole des miasmes d'antan, y est proscrite.

La difficile gestion des lotissements, l'utopie collective naissante et surtout la persistance de la crise du logement conduiront les ministères concernés à généraliser cette forme d'habitat dans les banlieues après la Seconde Guerre mondiale.

L'urbanisme programmé après 1945

Le ministère de la Reconstruction et de l'Urbanisme est créé dès novembre 1944. Mais, au début, la construction est freinée par le souci de stabiliser la population de l'agglomération parisienne, quitte à faire supporter aux cinq millions de banlieusards les insuffisances de l'industrialisation provinciale. Pour suivre Jean-François Gravier, qui publie en 1947 *Paris et le désert français*, l'État décourage les migrations vers la capitale en réduisant les occasions de travail dans cette dernière. La loi de 1948 limite les constructions et incite progressivement les propriétaires à ajourner les rénovations. De plus, les choix budgétaires de l'époque privilégient les guerres coloniales. A l'inverse, le reflux des capitaux vers la métropole soutiendra les politiques de construction après 1962.

Pourtant, les pratiques des ménages sont contraires aux directives gouvernementales. Jusqu'en 1960, on enregistre chaque année entre cent mille et deux cent mille nouveaux venus dans l'agglomération parisienne. D'un côté, celle-ci se développe avec le *baby-boom* et les migrations de provinciaux ; de l'autre, elle est sanctionnée sous prétexte qu'elle accapare la puissance économique du pays.

Ce n'est qu'à partir de 1953 que de puissants moyens sont mobilisés pour sortir de l'impasse. La conjonction d'une volonté politique et d'une planification cohérente sur la base du IIᵉ Plan (1954-1957) et surtout du IIIᵉ Plan (1958-1961) fait du logement et des équipements socio-éducatifs «une tâche impérative». La formation d'un corps d'ingénieurs compétents, une industrialisation massive des techniques de construction, une forte concentration des entreprises et une adaptation des outils financiers feront le reste. Après les primes et les prêts spéciaux du Crédit foncier, la contribution obligatoire des employeurs à la construction (le 1 % patronal) fournit aux organismes HLM un financement complémentaire. La création en 1954, sous l'impulsion de François Bloch-Lainé, de la Société centrale immobilière de la Caisse des dépôts (SCIC), financée notamment par le livret de Caisse d'épargne, puis la législation sur les sociétés d'économie mixte donnent un coup de fouet à la construction, tout en instaurant une sorte de concurrence avec les organismes HLM. Sarcelles-Lochères, le grand ensemble le plus vaste de la banlieue, est l'œuvre de la SCIC, et non des grands offices publics.

Les zones à urbaniser en priorité (ZUP*), instituées par l'arrêté du 31 décembre 1958, donnent un cadre juridique aux grands ensembles. Construites sur de grandes parcelles peu coûteuses (2 francs le mètre carré à Sarcelles), elles forment des enclaves bénéficiant d'un statut à part, véritables «zones franches» avant la lettre, avec des services et une voirie propres, prédisposant aux conflits entre les bailleurs et les municipalités.

Si le seuil minimal est de 500 logements, beaucoup de ZUP dépassent les 4 000 logements, que ce soit à Mantes-la-Jolie, à Aulnay, à Créteil, à Massy, à Vaulx-en-Velin, à Nantes ou à Toulouse.

Conçus par des architectes reconnus (Beaudouin, Zehrfuss, Colboc, Candilis, etc.) selon les canons de la charte d'Athènes adoptée en 1934, mais édulcorant la qualité des «cités radieuses» de Le Corbusier, ces grands ensembles, uniques par leur quantité, tranchaient avec les autres quartiers. La rupture de forme les désignait non seulement comme une expression flagrante de la modernité, mais aussi comme un monde à part.

Techniquement, les immeubles résultent de l'utilisation de panneaux préfabriqués et du «chemin de grue» : celui-ci permettait de construire sur rail, donc à moindre frais, des barres de trois cents à quatre cents mètres de longueur, mais il engendrait l'uniformité et prédisposait à «la sarcellite», c'est-à-dire à la maladie du gigantisme et de l'isolement.

On peut classer les grands ensembles selon la date de construction, la taille, le lieu d'implantation et le peuplement initial. Pour simplifier, on distingue trois grandes phases de construction.

La première, qui s'étend jusqu'à la fin des années 50, fournit essentiellement du logement locatif, mais sans tomber dans le gigantisme. La première tranche de l'ensemble Beauregard à La Celle-Saint-

Cloud en est un exemple remarquable : 1 500 logements regroupés en petits immeubles de quatre étages et pourvus de toits à l'ancienne. Les normes de surfaces sont celles de l'époque : le quatre pièces compte 65 m², contre 78 m² dix ans plus tard.

La deuxième phase, de 1959 à 1967, engendre des ensembles massifs confiés, en général, à un seul maître d'ouvrage. Ces ZUP sont d'architecture assez sommaire, tel le groupe des 4 000 de La Courneuve conçu en 1964 comme une enclave de la capitale. Par ailleurs, l'augmentation de la valeur du sol pousse à densifier, et donc à aggraver l'impression d'enfermement, même si les densités globales restent nettement plus faibles que dans les quartiers populaires de Paris.

La troisième période, de 1967 à 1977, tient compte des erreurs passées. Les opérateurs travaillent plus souvent dans le cadre des zones d'aménagement concerté (ZAC*) créées par la loi d'orientation foncière de 1967. Différents organismes HLM (offices publics, coopératives, sociétés anonymes) s'associent à côté de promoteurs privés. La réunion de plusieurs maîtres d'ouvrage permet une plus grande variété architecturale, mais les différenciations entre le statut des immeubles (immeubles à loyers normaux, programmes sociaux de relogement, HLM ordinaires) renforcent les ségrégations* à l'intérieur des cités.

Les réalisations de l'architecte Émile Aillaud (La Grande-Borne à Grigny, La Noé à Chanteloup-les-Vignes, L'Abreuvoir à Bobigny, etc.) résultent d'un incontestable souci esthétique, en rompant catégoriquement avec le plan orthogonal des premières ZUP, mais elles arrivent trop tard. Les incitations gouvernementales à l'accession à la propriété pour les revenus modestes leur sont préjudiciables : ces cités seront classées «îlots sensibles» dès 1982.

Au total, on recense environ six mille ensembles de plus de deux cents logements, et mille huit cents rien qu'en région parisienne, mais tous ne sont pas de gestion sociale. Cent cinquante-trois d'entre eux dépassent les mille logements et une vingtaine les quatre mille logements. Un grand ensemble sur trois double la population de la commune où il s'implante. A Sarcelles, Vaulx-en-Velin, Grande-Synthe près de Dunkerque, la population quadruple en vingt ans. A Grigny, au sud de Paris, le choc est brutal : de 1 700 habitants en 1962, le village passe à 25 600 habitants en 1975. On imagine facilement les traumatismes locaux...

Le lieu d'implantation dépend des opportunités foncières, du prix des terrains et de la volonté politique locale. Des complicités tacites entre partis opposés se dessinent. 80 % des communes dominées par la droite renvoient à l'État une fin de non-recevoir, tandis que les municipalités communistes y voient une aubaine électorale, même si elles sont loin de maîtriser le peuplement des grands ensembles. Le maire de Vénissieux n'a-t-il pas revendiqué pour sa commune l'exclusivité du programme des Minguettes ?

L'origine des nouveaux habitants est plus diversifiée qu'on ne le croit souvent : ouvriers et employés des centres-villes chassés par les opérations de rénovation, cadres mal logés, ruraux ou citadins de

Place de la Coquille (Chanteloup-les-Vignes), le marché.

Cette place, conçue par Emile Aillaud en 1969 pour la ZAC « La Noé » de Chanteloup-les-Vignes, rend compte des recherches architecturales et décoratives qui se sont développées à la fin de la dernière période de construction des grands ensembles. Mais les personnages en mosaïque (Baudelaire, Victor Hugo et Flaubert) n'ont pas toujours le pouvoir évocateur souhaité auprès des habitants. Selon une approche néoclassique, la réhabilitation a été entreprise à partir de 1987.
Ph. © H. Vieillard-Baron.

province attirés par l'emploi, rapatriés des anciennes colonies, etc. La sélection à l'entrée est rigoureuse. Sarcelles-Lochères, gérée par la SCIC, accueille jusqu'à 35 % de cadres moyens et supérieurs, tandis que les cités HLM de grande couronne parisienne n'en comptent pas moins de 20 % au départ.

Les plus démunis, les moins qualifiés, et la plupart des travailleurs immigrés sont légalement exclus de ces logements sociaux. On les retrouve dans le parc social « de fait » qui regroupe les anciens hôtels meublés, les garnis, les taudis des centres-villes et les bidonvilles. En 1990 encore, la majorité des étrangers ne résidait pas dans le parc social public.

A l'origine, la population de ces ensembles se singularise par sa jeunesse puisque la moyenne d'âge ne dépasse pas vingt-cinq ans. Les trois quarts des chefs de ménage ont moins de quarante-cinq ans, alors qu'ils ne sont qu'un tiers dans les villes-centres. L'entrée simultanée de nombreux jeunes couples et les naissances qui suivent imposent la construction d'équipements adaptés : centres sociaux, crèches, écoles, commerces, etc. La taille des ménages est d'autant plus élevée qu'on s'éloigne du centre : en 1976, elle était de 2,7 personnes dans les trois communes centrales de l'agglomération lilloise (Lille, Roubaix, Tourcoing), et de 3,2 personnes dans les communes périphériques.

Le cycle de vie est essentiel pour comprendre l'évolution de ces quartiers. Quinze ans après l'emménagement, on observe une suroccupation adolescente dans les cages d'escalier où sont concentrés les grands appartements et une relative obsolescence des équipements prévus pour la petite enfance.

Il n'y a pas de synchronisme entre l'évolution des classes d'âge et celle des services : le temps de programmer et de construire, les adolescents ne sont déjà plus concernés. Ils se dispersent en accédant à l'emploi ou se regroupent dans des bandes où le non-travail tend à devenir la règle.

Le rassemblement de ménages jeunes, mais très

divers du point de vue des origines et des aspirations, ne permet pas à la collectivité de construire ses propres normes. La cohabitation des familles est aléatoire ; elle rapproche des individus que les modes de vie et les projets éloignent. L'absence des grands-parents prive les enfants d'une compagnie régulatrice. Les réseaux d'entraide que l'on trouvait dans l'habitat ouvrier ne fonctionnent plus. Le profit que chacun pourrait tirer du capital culturel de l'autre n'est pas vraiment exploré.

A peine a-t-on noué des amitiés que, déjà, on envisage de s'en aller : le taux de mobilité des locataires est longtemps resté supérieur à 10 % par an dans les ensembles de banlieue. L'accession populaire à la propriété, encouragée à partir de 1973 par le ministre de l'Urbanisme Albin Chalandon, permet aux jeunes couples dont les deux conjoints sont actifs d'acheter. Ils libèrent ainsi des appartements bientôt occupés par des familles plus défavorisées.

Les immigrés peuvent donc accéder plus facilement au logement social, d'autant qu'en 1968 un arrêté demande aux préfets de mettre à la disposition des habitants des taudis et des bidonvilles 6,75 % du parc social. Ils bénéficieront en 1975 de mesures en faveur du regroupement familial permettant aux femmes et aux enfants de rejoindre l'époux ou le père. Pour les bailleurs, il s'agit de maintenir les équilibres financiers en faisant rentrer des loyers. L'augmentation forte des immigrés dans les banlieues des grandes agglomérations est partiellement occultée par les moyennes communales qui nivellent le poids des concentrations. De plus, les statistiques ne rendent pas compte de la présence des Français d'origine étrangère, souvent aussi nombreux que les étrangers, officiellement répertoriés par la carte de séjour. Il s'ensuit localement une distorsion forte entre le sentiment partagé par les anciens habitants d'un «envahissement étranger» et la capacité de réponse des institutions qui ont tendance à minimiser les problèmes ou à les éluder. Les écoles doivent faire face à un afflux d'élèves non francophones, et accepter le départ des enfants qui réussissent le mieux, quitte à subir ensuite le poids de la stigmatisation.

Dans les petites villes de province, la représentation étrangère est globalement plus faible en pourcentage, mais souvent plus localisée que dans les grandes métropoles. La fracture sociale et ethnique y est vivement ressentie.

Les anciennes ZUP et les copropriétés paupérisées deviennent ainsi des territoires d'exclusion. La promiscuité, le bruit, le cadre resserré, la précarité et les difficultés de la cohabitation interethnique se cumulent.

Par comparaison, le pavillon moderne semble la panacée si l'on accepte l'éloignement et la diminution de l'offre de services. De fait, les nouvelles opérations immobilières sont repoussées toujours plus loin du centre avec la hausse des coûts fonciers. Selon le promoteur, le niveau de prix et la qualité des dessertes, elles conduisent à un classement rigoureux des accédants à la propriété. Les lotissements Kaufmann and Broad et Bréguet, par exemple, sont

« Chicagau ».
Depuis trente ans, la ville américaine de Chicago occupe une place mythique dans l'imaginaire des jeunes de banlieue. Elle exprime à la fois le rêve américain, l'exotisme, la relégation des ghettos et le grand banditisme avec Al Capone. Sur cet immeuble muré d'une petite ZUP de province, l'inscription mal orthographiée renvoie à la collectivité la question de sa propre identité.
Ph. © H. Vieillard-Baron.

réservés aux cadres supérieurs. Mais les lotissements moins luxueux accueillent des jeunes couples avec enfants aux revenus stables, parfois des retraités : on les trouve souvent au-delà de l'agglomération, ou dans l'orbite des villes nouvelles.

Ces espaces intermédiaires périurbains expriment une réalité nouvelle des organisations humaines, une forme de transaction qui rencontre l'adhésion de nombreux ménages. La relation de l'homme avec son environnement naturel y paraît, à première vue, plus sereine que dans l'espace discrédité de la banlieue.

Les ségrégations y sont tout aussi fortes, mais elles concernent, dans la plupart des cas, les couches moyennes et supérieures. Si la périurbanisation a bouleversé les couronnes lointaines des agglomérations, c'est dans l'inversion des extrêmes : les couches les plus pauvres restent dans la banlieue ; les plus mobiles, qui appartiennent aussi aux strates supérieures, se situent au centre ou tout à fait à l'extérieur.

Prise en étau, la banlieue est devenue un produit social dont le discrédit va bien au-delà des formes architecturales. La cristallisation qui s'est opérée autour du mot renvoie non seulement aux tensions sociales, à la crise économique et à la question foncière, mais aussi à la valeur symbolique de l'espace.

Autrefois passage entre la ville et la campagne, la banlieue ne serait plus qu'un espace résiduel écartelé entre deux formes d'urbanité, celle du centre dense et actif, et celle de la périphérie lointaine, peu dense et champêtre.

La banlieue ressentie
et imaginée

La banlieue vécue ne s'embarrasse pas de limites administratives. Elle se construit avec l'imaginaire de l'individu, selon sa perception des espaces bâtis, du voisinage et de l'histoire locale. Les enquêtes montrent régulièrement que les deux tiers des locataires des cités HLM se déclarent satisfaits de leur logement, même s'ils formulent les plus vives critiques sur l'environnement. L'exclusion vient d'ailleurs.

Sans doute la distance au centre crée-t-elle des contraintes en matière de transports ou d'accès aux services ; mais celles-ci ont tendance à s'amenuiser. Sauf cas d'espèce, les liaisons se sont considérablement améliorées en trente ans. Un employé doté d'un véhicule, d'un fax, d'un téléphone sans fil et résidant dans un lotissement rural à trente kilomètres du siège de son entreprise pourra profiter pleinement des bienfaits de la centralité tout en travaillant à domicile une partie de la semaine. En revanche, certains habitants des quartiers centraux se sentent de plus en plus marginalisés. Les équipements qui se trouvent à leur portée ne suffisent pas à les satisfaire.

Les pratiques et les représentations du territoire varient considérablement selon les situations personnelles. S'il existe des banques de données fiables pour rendre compte des transformations démographiques ou économiques des territoires urbains, il en va tout autrement de l'espace vécu... Le «ressenti» résulte d'une combinaison subtile entre un espace physique objectif et un milieu perçu, nécessairement subjectif. Le regard extérieur est toujours superficiel.

Les cités d'habitat social se structurent autour de pôles qui sont investis différemment selon les âges, les sexes, les heures de la journée : hall d'entrée des écoles, cages d'escalier, loge du gardien, pharmacie, café, laverie automatique, etc. Les entraides de voisinage et les flux nocturnes y sont peu visibles.

Dans le domaine de l'imaginaire collectif, la littérature, la mémoire des grandes peurs populaires, les discours des hommes politiques, plus tard, le cinéma ont tracé les contours des périphéries. Jusqu'au milieu du XIXᵉ siècle, la banlieue évoque aussi bien l'aristocratie qui veut échapper aux miasmes de la grande ville que le peuple avec ses fêtes champêtres, ses cabarets (*Le Père Goriot* de Balzac), ses hommes de théâtre, ses coiffeurs, ses notaires de deuxième ordre (*Le Comte de Monte-Cristo* d'Alexandre Dumas).

Les premières expressions péjoratives se trouvent chez Louis Reybaud, un homme politique et romancier peu connu qui fait dire au héros d'un de ses romans : «Vous avez là un pantalon qui est légèrement banlieue» (*Jérôme Paturot à la recherche d'une position sociale*, 1843). Cet auteur souligne déjà la différence de prix entre la capitale et la périphérie : «On achète à bas prix les études de la banlieue pour venir dans Paris exploiter les clients à domicile.» Même si les produits alimentaires étaient plus chers en banlieue qu'à Paris, le prix du terrain, les loyers et, surtout, les salaires ouvriers y étaient moins élevés.

Le Petit Chose d'Alphonse Daudet, dont la première édition date de 1868, donne une autre vision dépréciative de la banlieue. Après un échec cuisant en poésie, l'engagement du héros dans un «théâtre de banlieue» est le signe manifeste d'une déchéance sociale. Tout s'allie pour donner de la banlieue une image de dégradation physique et morale : le décor («Ces grandes avenues désertes où rôdaient des blouses silencieuses, des filles en cheveux et les longues redingotes des patrouilles grises»), l'antre garni à sept étages «avec sa rampe verte et poisseuse», les personnages (fils de coiffeurs ou de marchands de frites devenus comédiens ambulants par «fainéantise»), la liaison du Petit Chose avec Irma Borel qui «buvait le vin au litre» tout en s'amusant «à jouer au ménage d'artistes pauvres». «Les scènes, les cris, le fracas, les tueries...», note Daudet avec désolation.

Légende noire et légende dorée coexistent aujourd'hui encore : la première teintée de misérabilisme et de laideur ; la seconde chargée de grand air, de nostalgie et d'honorabilité. La banlieue de la littérature est une zone hybride entre ville et campagne ; elle se conforme tantôt à l'une, tantôt à l'autre. Mais quand elle mélange les deux, elle sombre dans la débauche et dans le crime, bref dans le désordre...

Refuge du peuple après avoir été celui de l'aristocratie, la banlieue est dotée d'une temporalité propre : elle constitue une sorte de « sas » pour entrer dans le monde de la ville ; le temps ne s'y accélère pas comme au centre. A proximité des portes de Paris, les théâtres des « barrières* », qui suscitent l'enthousiasme des foules au XIXe siècle, initient les spectateurs à ce passage. Le répertoire mélodramatique fait se succéder drames, vaudevilles et chansons. Les pièces données par les théâtres des Batignolles, de Grenelle ou de Belleville sont pleines d'épisodes montrant des miséreux écrasés par le malheur, mais surmontant l'adversité avec vaillance.

Le fait même d'aller au spectacle n'est pas innocent : l'ouvrier et le maraîcher, poussés par leur femme, y apprennent une sorte de discipline sociale ; ils renoncent à fumer et à boire ; ils doivent laisser les enfants à la maison, distinguer les comportements de l'espace privé des « bonnes manières » de l'espace public. Ils pénètrent en somme dans l'urbanité de la fête parisienne, mélange subtil de connivence et de considération mutuelle ; ils y perdent une partie de leur gaucherie tout en regrettant la chaleur de la communauté populaire. Certains en rajoutent dans la respectabilité pour mieux se prémunir contre les remarques stigmatisantes de la bourgeoisie.

La banlieue des poètes balance entre le réalisme populaire, l'exotisme et la plainte. Les *Illuminations* d'Arthur Rimbaud la peuplent de cris et de mystères insondables : «Les bacchantes de banlieue sanglotent et la lune brûle et hurle.» Guillaume Apollinaire accompagne de son rêve «le voyageur» d'un jour : «Te souviens-tu des banlieues et du troupeau plaintif des paysages ?» Plus tard, Jacques Prévert emboîte le pas des banlieusards anonymes des Pas perdus de la gare Saint-Lazare, des Boumians de la porte de Saint-Ouen, des Kabyles de La Chapelle et des enfants du Sénégal, «dépatriés, expatriés et naturalisés»...

Toujours dans le domaine littéraire, la banlieue contemporaine semble offrir de nouvelles terres vierges aux romanciers explorateurs, «terrains vagues pour vague à l'âme » comme dirait François Maspero. Après Céline, Cendrars, Queneau, Chabrol, elle hante les pages des Belletto, Daeninckx, Échenoz, Jonquet, Marie Ndiaye et autres Le Clézio. Empruntant les chemins du roman policier et de la poésie, tous les fantasmes y convergent. Les grands thèmes universels (la croissance, le rêve, le plaisir, l'amour, la mort...) se retrouvent dans la banalité des caves, du supermarché ou de la gare.

Toute une imagerie de la banlieue est également révélée par la peinture dès le milieu du XIXe siècle. Les rives de la Seine, le petit pavillon, les fêtes foraines, le bistro du coin, la guinguette des bords de Marne construisent une esthétique originale, à la fois symbo-liste et populaire : elle marquera l'imaginaire collectif pendant plusieurs dizaines d'années. Les *Impressions d'Argenteuil* de Claude Monet, le *Déjeuner des canotiers* de Renoir, la *Diligence de Louveciennes* par Pissarro, la

Baignade à Courbevoie de Seurat, la *Seine à Marly* de Sisley expriment la saveur et la fluidité de la périphérie. La banlieue des impressionnistes est d'abord parisienne ; c'est celle d'un milieu à la fois intimement ressenti et transfiguré, mélange de campagnes verdoyantes et d'activités usinières, aux antipodes de l'académisme ambiant. C'est aussi celle de quelques photographes du second Empire soucieux du peuple et de ses activités (Regnault, Fortier, Rousset) et, ultérieurement, celle d'Atget, de Marcel Bovis, de Doisneau et de Ronis.

Les premiers films donnent une vision précise de cette fameuse « zone » dont les loubards des cités-dortoirs s'approprieront le nom dans les années 60. La zone* s'appuie sur les fortifications (les « fortifs ») de Paris ; c'est un espace de servitude de deux cents à trois cents mètres de largeur, à vocation défensive, donc non constructible. Sans être la ville, elle n'est pas encore la banlieue, mais elle en recueille l'écho avec son halo de noirceur, d'objets hétéroclites et de mines patibulaires. Terre promise des populations marginales dans les années 1900, elle forme une espèce de zone franche échappant au droit et à la norme. Ses premiers occupants furent les chiffonniers chassés du centre de la capitale par la destruction des taudis, puis les ouvriers d'Haussmann après les grands travaux. S'y installèrent ensuite les ruraux sans le sou, les nomades et les « biffins » qui récupéraient les métaux et auxquels se mêlait parfois la pègre du milieu. La zone porte après 1871 quelque chose de l'opprobre qui s'est abattu sur les communards rendus prisonniers de l'alcoolisme. On estimait sa population à trente mille habitants en 1900.

Les «mohicans» et les « apaches » des grands soirs y trouvaient refuge après leurs sombres exploits dans les quartiers riches. Reprenant à leur compte la tradition des bas-fonds, ils formaient une société à part dans le vaste monde des marginaux avec leur propre vocabulaire, leur hiérarchie, leur code de l'honneur qui se jouait du pouvoir et du bourgeois. Pour tout dire, ils ont une place de choix dans un discours métaphorique qui développe à loisir l'exotisme des sauvages urbains. Les délinquants des cités d'aujourd'hui font pâle figure devant ces adeptes de la dépouille et du crime. La police lance ses premiers chiens à leur poursuite dans les rues de Neuilly, comme le montre un dessin du supplément littéraire illustré du *Petit Parisien* en avril 1907.

En politique également, les imageries de la banlieue sont utilisées de manière ambivalente, d'autant plus que le pouvoir évocateur du mot change d'une époque à l'autre. En 1832, la banlieue parisienne est synonyme de réaction. C'est d'elle que viennent les gardes nationaux qui doivent réprimer le peuple. Et jusqu'à la Commune, les ouvriers estiment que la capitale est leur refuge le plus sûr. La confiance à accorder à la banlieue reste trouble : à côté des «bâtards» de la ville, n'abrite-t-elle pas des paysans conservateurs, des rentiers avares et des petits-bourgeois gouvernementaux ? Victor Hugo note précisément que la balle qui a manqué de peu Gavroche, le symbole même du Paris populaire, «venait de la banlieue».

Les choses s'inversent au tournant du siècle, alors que Paris, puni des excès de la Commune, relève directement du pouvoir central. La capitale devient le domaine privilégié de la bourgeoisie, tandis que la banlieue proche vote majoritairement à gauche. Alors que, en 1871, les soldats de banlieue massacraient le peuple de Paris, c'est le peuple de la banlieue qui vient se recueillir, à partir de 1908, devant le mur des Fédérés, au cimetière du Père-Lachaise.

Le mépris des conseillers municipaux s'exprime à cette époque sous le vocable nouvellement forgé de « banlieusard », terme repris presque aussitôt comme un flambeau par les habitants de la petite couronne. Cependant, tout en se vantant d'appartenir à « la banlieue », ces derniers n'en regardent pas moins vers Paris. Pour trouver un mot moins péjoratif, un journal de Saint-Denis lance un concours en 1934. Un dévoué lecteur propose en retour une chanson sur le thème des « excentrés » ! Banlieusard ou excentré, le choix n'est pas évident...

Parallèlement, le mot « banlieue » cesse d'être un terme qui se définit au singulier. Le pluriel apparaît avec l'urbanisation massive et la diversification politique. Les « banlieues » sont des espaces concrets, matérialisés par une grande diversité de paysages, d'organisations urbaines, de populations et d'opinions. Elles se subdivisent selon l'éloignement des barrières : on commence à distinguer de la capitale la « proche » banlieue et la banlieue « lointaine », même si certains auteurs, comme Zola ou Huysmans, continuent à nommer « banlieues » les faubourgs rattachés à Paris en 1860.

En abordant le thème de la marginalité (*Les Apaches de Paris* en 1905, *La Zone* de Georges Lacombe en 1928, etc.), le cinéma confirme, après la littérature et la chanson populaire, les codes de représentation de la banlieue. Mais cette banlieue-là est aussi mythique que l'Amérique du western. Elle se nourrit de stéréotypes : les films s'attachent d'abord à rendre des atmosphères «populaires». Le cadre géographique se limite à trois grands types d'espaces urbains : le quartier traditionnel constitué d'une mosaïque de petits immeubles délabrés, de friches, de cabanes et de maisons bricolées ; l'îlot pavillonnaire préservé de la destruction, avec ses jardins minuscules et ses alignements monotones ; plus tard, le grand ensemble symbolisé par le béton, le gigantisme et l'ennui.

Les représentations des banlieues noires, rouges puis vertes se succèdent dans le temps. Le zonard des «fortifs » se remet au travail et rentre dans la norme, «comme de bien entendu». Après la grève, il découvre l'amour sur les bords de la Marne ou du Loing (*La Belle Équipe* de Julien Duvivier et *Partie de campagne* de Jean Renoir, films tournés en 1936). Une nostalgie populiste reprend de la vigueur à la fin des années 50, face à l'urbanisation massive et aux transformations sociales qu'on pressent (*Mon Oncle* de Jacques Tati).

Dans un grand nombre de films des années 90 (*Hexagone*, *État des lieux*, *Raï*, *La Haine*, etc.), la banlieue est si envahissante que les jeunes ne se définissent plus que par elle. Ils sont «la banlieue» à proprement parler, et les questions personnelles qu'ils posent n'existent qu'au travers de cette référence spatiale.

Au final, les références littéraires, picturales et cinématographiques ont bouleversé l'usage du mot. On localise en banlieue aussi bien la peur sociale que les forces de renouvellement de la ville. L'imaginaire foisonnant qui en a résulté a conduit à un double mouvement de valorisation et de stigmatisation, et souvent à un contre-discours des habitants mettant en valeur l'hygiène et la respectabilité.

Mais, depuis 1981, les médias, les architectes, les chercheurs et les hommes politiques en ont tant fait qu'on associe immanquablement la banlieue à l'exclusion. Sur le mode de la tragédie antique, la banlieue personnifierait le mal social. Tel le bouc émissaire, on la chargerait de tous les péchés de l'urbanisation outrancière et on la rejetterait au désert...

Les banlieues françaises ont constitué longtemps un territoire de transition entre la ville et la campagne. Au XIXᵉ siècle, leur croissance accompagne l'industrialisation et les moyens de transport. Elles représentent aujourd'hui un espace diversifié, souvent mal connu et peu comparable aux périphéries des villes étrangères.

Les discours à l'emporte-pièce et les réactions émotionnelles donnent des banlieues une image qui s'oppose à l'intelligibilité. Les «banlieues» portent une charge qui les dépasse ; loin d'exprimer toutes les inégalités, elles sont souvent un prétexte pour parler de la crise de la société et des institutions.

La crise
des banlieues

Depuis une quinzaine d'années, les plus optimistes ne cessent de prédire la fin des violences et la requalification des banlieues. Soir après soir, s'y joue-rait le grand drame de la fracture sociale dans un décor concentrationnaire de tours et de barres, avant que la dernière scène ne présente le monde pacifié des immeubles colorés, des placettes refleuries et des ruelles animées, rendues aux activités commerçantes.

Saint-Quentin-en-Yvelines
(page précédente).
Dans le quartier des Trois Villages
de la ville nouvelle
de Saint-Quentin-en-Yvelines,
à l'ouest de Paris, les îlots d'habitat
se distinguent nettement
par leurs architectures,
comme autant de « villages » :
petits immeubles, maisons de ville
accolées, pavillons resserrés, etc.
La rue retrouve ici son identité.
Le lac de la Sourderie a été creusé
au centre. Selon une véritable mise
en scène urbaine due
à l'architecte Ricardo Bofill,
il est entouré de berges minérales
et de deux ensembles monumentaux
inspirés de l'Antiquité :
les Arcades du Lac, immeubles
sur pilotis teintés en rose et,
au fond, le Temple et les Templettes.
Au-delà du lac, les espaces cultivés
soulignent la limite
de l'agglomération parisienne.
Ph. © Y. Arthus-Bertrand/Altitude.

Les gouvernements successifs ont cru soigner les misères de la société à partir de la coquille qui les abritait. En somme, ils ont voulu traiter une question qui paraissait localisée en se fondant sur des découpages territoriaux rigoureux.

Aujourd'hui, les réhabilitations des logements sociaux et l'amélioration des espaces extérieurs continuent. L'État délimite de nouvelles zones d'intervention. Mais les déceptions ne tardent pas... Est-il suffisant de repeindre les quartiers et de les traiter pour eux-mêmes alors que leurs habitants sont ébranlés par le manque de travail, la misère et l'absence de représentation politique ? Le problème de fond n'est pas de nature territoriale, même s'il dépend provisoirement d'une « clinique » territoriale, c'est-à-dire de soins matériels apportés à un cadre géographique particulier.

On a tellement pris l'habitude de discourir sur les banlieues qu'on ne sait plus les voir avec des yeux neufs. Les approches simplistes confortent les préjugés hexagonaux sur la marginalisation des périphéries urbaines et sur l'exclusion sociale, tout en retardant la prise de conscience des causes véritables qui concernent la spéculation dans les centres-villes, le renouvellement de la citoyenneté et les mécanismes qui engendrent la vulnérabilité sociale. Le regard est déformé par les images, les commentaires, les sensibilités politiques, les engagements militants, ce qu'il reste d'idéologie dans l'approche du social.

En visitant les grands ensembles, les experts américains sont régulièrement surpris de leur aspect extérieur et de la détermination de l'État à leur égard. Mais les jeunes adultes contraints d'y résider, tenaillés par la précarité ou, simplement, par la haine, les considèrent plutôt comme un espace carcéral sans équipement adapté. Les plus âgés y voient l'expression vivante de leur déchéance après l'âge d'or des débuts.

Les hommes politiques, pris de vitesse par une opinion inquiète, réagissent dans l'urgence aux coups de feu médiatiques qui cachent d'autres drames plus sanglants. Tout en accomplissant leur devoir d'information, la presse et la télévision contribuent à produire des figures imaginaires ; elles le font d'autant plus que la rumeur double souvent l'information dans les cas les plus sensibles, ceux qui touchent à l'insécurité et à la cohabitation interethnique par exemple. Par des réductions rapides, les médias alimentent un système de représentations partiellement déconnecté des réalités vécues, avec en point d'orgue la progression de l'exclusion, le manque d'équipement, la déprime des fonctionnaires, l'impuissance des travailleurs sociaux, les ratés de l'intégration, l'échec scolaire, le chômage, la toxicomanie et l'insécurité.

A l'évidence, en apparaissant comme un sujet d'opinion avant d'être analysées comme un objet scientifique, les banlieues portent une charge qui les dépasse. Elles soulignent de manière emblématique la dissociation contemporaine entre un espace «virtuel», donnant lieu à une pluralité d'images, et un territoire «réel» invisible, celui de la quotidienneté, de l'anonymat silencieux ou de la solidarité sans tapage.

C'est dans le cadre de cette banlieue virtuelle qu'on pourrait situer les deux mythes qui parcourent depuis près d'un siècle l'histoire des villes et qui ont fait florès ces dernières années : celui de la «banlieue-ghetto», comme figure paroxystique de la relégation, et celui de la «mixité» sociale comme fondement de l'harmonie urbaine. L'intelligibilité des quartiers sensibles se situe probablement à mi-parcours, au-delà de l'imaginaire et en deçà de la grandiloquence des discours convenus.

Pour tout dire, la crise des banlieues met en évidence trois confusions principales : une première confusion entre le tout et la partie puisqu'on mélange régulièrement, sous l'appellation de «banlieue», la couronne agglomérée entourant le noyau central avec les communes qui la composent, et, de la même façon, le quartier le plus en difficulté avec sa commune de rattachement ; une deuxième confusion entre quartier sensible et quartier de banlieue, alors que plusieurs villes centrales ont des îlots problématiques et que de nombreuses communes périphériques ne connaissent pas de difficultés spécifiques ; et une troisième confusion entre quartiers défavorisés et ghettos ethniques : on oublie que les nationalités, et, à plus forte raison, les ethnies★, au lieu d'être réduites à un seul groupe, sont très diversifiées dans les cités, et que les processus d'intégration et de dispersion n'y sont pas totalement interrompus.

De l'amalgame
à la confusion

Sans crier gare, on mélange les termes «banlieue», «ville», et «quartier» et on les agrémente à la mode récente de l'exclusion, sans en mesurer toutes les conséquences. Ainsi, le mot «banlieue» renvoie non pas à une entité spatiale précise, mais à une notion vague susceptible de s'appliquer à tout secteur enclavé et à tout groupement de population qui s'écarterait de la norme.

L'expression courante de «malaise des banlieues» recouvre une approche géographique inexacte et une conception sociologique passablement floue. Elle reflète les difficultés intrinsèques des habitants et tient lieu de réflexion sur la ville. Dans une société qui cherche à se recentrer, elle met en évidence le soupçon qu'inspire tout périphérisme. Après avoir situé l'espace des milieux populaires dans l'agglomération, la banlieue semble désigner l'épicentre des problèmes sociaux. Elle est aujourd'hui non seulement à la croisée du désenclavement spatial et du traitement social, mais aussi à la rencontre de l'éthique et des pratiques de citoyenneté.

Les thérapeutiques mises en œuvre au terme de contrats pluriannuels sont elles-mêmes à la charnière de la sphère politique et des fonctions techniques qui incombent naturellement aux bureaux spécialisés des municipalités et aux services de l'État.

La banlieue n'est pas une masse homogène

Que l'on compare des unités urbaines éloignées ou que l'on explore la périphérie d'une seule agglomération, les contrastes s'imposent. Il n'y a que des banlieues... A partir de critères prenant en compte la continuité du bâti autour de la ville-centre, l'INSEE dénombrait, en 1990, environ trois mille communes de banlieue regroupant au total 18,2 millions d'habitants sur 6 % du territoire national. Le qualificatif qui les désigne ne saurait rendre compte de leur diversité.

Si la banlieue de Paris est la première de France chronologiquement et quantitativement, elle est loin d'imprimer sa marque aux autres agglomérations. Les villes françaises ne sont pas strictement homogènes. Les aléas de l'histoire et les facteurs naturels déterminent en grande partie les orientations de leur croissance. Si la tentation est grande d'établir un modèle qui donnerait une explication globale de leur constitution et de leur évolution, les éléments de différenciation ne sont pas à négliger.

**Planétarium
(Vaulx-en-Velin).**
*Construit à Vaulx-en-Velin
en 1994, le planétarium
est un équipement culturel à l'échelle
de la région Rhône-Alpes.
Avec son dôme de quinze mètres
de diamètre et ses cent cinquante
places assises, il est le quatrième
de France. Des activités alliant
divertissement et pédagogie
y sont proposées régulièrement.
Ce planétarium contribue
pleinement à la revalorisation
de la ville. En 1995,
il a été fréquenté par près
de cinquante mille visiteurs,
dont deux mille
de Vaulx-en-Velin même.*
Ph. © Atger/Editing.

Les banlieues se distinguent d'abord par leur dimension, par leur population et par le poids démographique de la ville-centre à laquelle elles sont reliées.

Si l'on met à part la région parisienne, la ceinture agglomérée peut regrouper jusqu'aux deux tiers des habitants de l'unité urbaine dont elle fait partie. C'est le cas des agglomérations lyonnaise ou bordelaise. En

1990, Lyon rassemblait 415 000 habitants et sa banlieue 850 000 ; Bordeaux 210 000 habitants et sa périphérie 475 000. Dans les agglomérations moyennes aussi, les noyaux centraux ne regroupent parfois qu'une minorité de population, la majorité étant nettement banlieusarde : c'est le cas de Chartres, de Cherbourg, de Montargis ou de Saint-Omer.

Les communes de banlieue se distinguent aussi par leur paysage et leur structure urbaine. Certaines d'entre elles sont totalement urbanisées et ne peuvent évoluer que par restructuration d'îlots déjà bâtis. Il s'agit plutôt des municipalités de petite couronne à forte tonalité ouvrière, comme celles qui bordent le boulevard périphérique parisien, ou des communes qui auraient pu faire l'objet d'une annexion par la ville centrale, comme Villeurbanne à l'est de Lyon. L'ordonnancement des habitations y résulte souvent d'initiatives semi-spontanées, selon un rythme d'occupation adapté aux ressources variables de ménages modestes.

Parfois l'urbanisme de ZUP a saturé l'espace, comme à Mons-en-Barœul, entre Lille et Roubaix. D'autres banlieues, en revanche, conservent de nombreux espaces constructibles, telles Marignane à l'ouest de Marseille, Orvault à proximité de Nantes ou Saint-Priest à la périphérie de Lyon. La ruralité pénètre au cœur de quelques communes de banlieue, comme à Plérin au nord-ouest de Saint-Brieuc ou à Châlette-sur-Loing au nord de Montargis.

La densité, considérée tantôt en nombre d'habitants, tantôt en nombre de logements à l'hectare, est un autre élément de distinction. Déjà, la densité des villes-centres est toujours supérieure à celle des communes périphériques, quelle que soit la taille de l'agglomération. Mais les différences sont fortes entre les communes de banlieue. En 1982, Hyères, à côté de Toulon, comptait douze logements à l'hectare, contre cent deux à Lomme dans le Nord, à la périphérie de Lille. Contrairement à une opinion répandue, les grands ensembles ont des densités inférieures aux « quartiers-mosaïques » des vieilles communes ouvrières qui regroupent, selon des logiques qui nous échappent aujourd'hui, ateliers d'artisans, usines, petits immeubles et pavillons de différentes époques. Le choix moderniste de la charte d'Athènes n'était-il pas de libérer l'espace au pied des immeubles collectifs et d'y faire pénétrer l'air et le soleil ? Le plateau des Minguettes à Vénissieux est deux fois moins dense que la plupart des arrondissements de Lyon.

L'étude démographique des communes de banlieue depuis 1962 précise les différences. Leur croissance résulte souvent d'un solde migratoire très favorable : c'est le cas des bourgs qui ont dû accueillir des grands ensembles, ou qui ont été intégrés dans le cadre légal des villes nouvelles.

Globalement, la population des communes de banlieue est plus jeune que celle des villes centrales : elle comporte 22 % d'habitants de moins de dix-huit ans, contre 17,5 % dans les noyaux centraux en 1982. A cette date, l'âge moyen était de quarante-deux ans dans la ville-centre de Bordeaux, et de trente-quatre ans dans sa périphérie récente. Plusieurs communes de banlieue possédaient encore en 1990 deux tiers de population âgée de moins de trente ans : Échirolles près de Grenoble, Vaulx-en-Velin, Les Mureaux, Grigny, Grande-Synthe, etc. Les contrastes étonnent parfois : en pourcentage, il y a deux fois moins de jeunes à Cagnes-sur-Mer, dans la banlieue ouest de Nice, qu'à Hérouville-Saint-Clair, près de Caen, où l'on compte plus de 60 % de moins de trente ans, la moyenne nationale étant de 44 % !

Le pourcentage des adolescents de quatorze à dix-neuf ans dans la population totale peut varier de 1 à 3 selon les communes : en 1990, il dépassait 10 % à Hem dans le Nord, à Vitrolles dans le Midi ou à Garges dans le Val-d'Oise, mais il n'atteignait pas 5 % dans certaines communes des banlieues de Nice, d'Antibes ou de Bordeaux (au Bouscat par exemple). Toute politique de prévention devrait tenir compte de ces données.

Le contexte économique régional permet également de différencier les périphéries urbaines. Certaines régions, comme celle du Nord, sont davantage de vastes secteurs industriels en recomposition que des zones urbaines permettant aux banlieues de s'individualiser nettement. Les communes qui jouxtent Valenciennes ou Maubeuge sont formellement des banlieues ; elles gardent un profil ouvrier malgré le déclin catastrophique des activités sidérurgiques et métallurgiques. Mais elles ne s'inscrivent pas dans un schéma de dépendance strictement hiérarchique.

Parallèlement, on trouve des secteurs périphériques dominés par les activités touristiques, comme Vallauris ou Mougins, sur la Côte d'Azur. Le qualificatif technique de « banlieue » ne correspond guère, dans ce cas, à une réalité vécue ; il rend compte simplement de la continuité du bâti.

D'autres banlieues sont identifiées par des activités de haute technologie, comme Vélizy, Massy, Orsay, Saclay au sud-ouest de Paris, Villeneuve-d'Asq au nord de Lille, Mérignac ou Pessac à la périphérie de Bordeaux. La localisation des entreprises dépend à la fois de la proximité de lotissements bourgeois où réside la majorité des cadres et du souci d'éviter les vieux bastions ouvriers.

Le taux d'activité est un autre critère de différenciation. Sans doute le rapport entre le nombre des emplois et celui des actifs reste-t-il plus élevé dans les villes-centres que dans les banlieues, mais les exceptions se sont multipliées depuis 1975. La migration des entreprises vers l'extérieur, l'ouverture de grands centres commerciaux, la création d'entrepôts et de sociétés de services ont conduit à un rééquilibrage des agglomérations. Si la périphérie a gagné des emplois, c'est aussi la simple conséquence de la croissance démographique. De 1975 à 1982 par exemple, la banlieue nantaise a gagné 11 000 emplois ; elle a vu sa population augmenter de 28 000 personnes, tandis que Nantes perdait 16 000 habitants et 5 000 emplois. Les courants de migrations quotidiennes s'y sont donc complexifiés. Les villes périphériques de Grande-Synthe, Gonfreville-l'Orcher ou Fos-sur-Mer drainent également une grande partie des actifs de leur agglomération ; elles ont su stabiliser les investissements industriels et développer les emplois, au moins jusqu'en 1982.

Les catégories socioprofessionnelles dominantes permettent aussi de classer les communes de banlieue. On peut distinguer par exemple les banlieues ouvrières des banlieues bourgeoises : celles-ci sont composées d'un taux élevé de cadres d'entreprise et de professions supérieures et intermédiaires du secteur public. L'analyse des mouvements résidentiels des chefs de ménage entre 1975 et 1990 souligne les processus de prolétarisation, de tertiarisation ou d'embourgeoisement. Mais cette approche a des limites : les définitions des catégories socioprofessionnelles sont liées aux évolutions des activités. En Ile-de-France par exemple, 40 % de l'emploi secondaire (dit « industriel ») correspond en fait à des emplois tertiaires, et 20 % de l'emploi tertiaire est qualifié comme emploi productif.

Pour simplifier, depuis une vingtaine d'années, les profils des communes se renforcent. Dans les agglomérations parisienne et lyonnaise, on observe un embourgeoisement des banlieues où le poids des cadres et des professions libérales était déjà élevé. Parallèlement, le caractère « ouvrier » des communes anciennement ouvrières se maintient ; il est associé à un fait nouveau : leur déclin démographique et la stagnation des professions intermédiaires.

Mais cette synthèse générale cache des différenciations fines, surtout en banlieue parisienne : certaines communes en forte croissance augmentent leur spécialisation technologique avec une régression des ouvriers non qualifiés et une progression des cadres d'entreprise (Bourg-la-Reine, Le Plessis-Robinson, Orsay, Cergy, Taverny, etc.). D'autres communes accusent la croissance des cadres de la fonction publique tandis que le poids des ouvriers s'y abaisse fortement (Saint-Maur, Vincennes, etc.).

Cette étude statistiquement fondée souligne la complexité des frontières géographiques de la ségrégation. On observe pour le moins que la dévalorisation des communes de banlieue ne s'ordonne pas régulièrement en couronnes concentriques selon l'éloignement du centre.

La Direction générale des impôts confirme cette approche à partir du revenu imposé moyen et du pourcentage de foyers fiscaux non imposés dans les municipalités. Elle montre aussi que la distinction région parisienne/province est plus pertinente en la matière que la division centre/périphérie. En 1982, sur la France entière, le revenu imposé moyen était légèrement plus élevé dans les villes centrales que dans les communes de banlieue. Cet écart minime s'accentue dès lors que l'on considère le revenu par personne, la taille des ménages étant moins importante dans les centres (on passe de 2,1 personnes par ménage à 2,8 environ en périphérie). Mais les exceptions sont loin d'être négligeables. L'installation continue de cadres dans les lotissements aux frontières des agglomérations pourrait induire une nouvelle répartition des revenus au profit de la périphérie.

L'analyse fiscale met en relief les différences entre la région parisienne et la province. On comptabilisait, en 1983, 25 % de foyers fiscaux non imposés en Ile-de-France contre 38 % au niveau national. Les potentiels fiscaux des communes varient de 1 à 20 : certaines banlieues dotées d'immenses zones d'activité bénéficient d'une taxe professionnelle considérable alors que d'autres sont réduites à l'état de banlieue-dortoir sans emploi. Si la faiblesse de la taxe est supportable dans une ville résidentielle où le patrimoine immobilier est recherché, elle est un obstacle majeur à l'amélioration des cités qui abritent des populations modestes, en dépit du léger correctif apporté par la récente dotation de solidarité urbaine*.

Selon un puzzle complexe, on observe ainsi des formes ségrégatives cumulatives dans les grandes unités urbaines. Les forces du marché jouent dans le sens de la spécialisation. La valorisation en chaîne de certaines communes (monuments prestigieux, services rares, centres universitaires, activités à forte valeur ajoutée...) va de pair avec la paupérisation d'autres espaces physiquement dégradés, économiquement délaissés et socialement rejetés.

Les quartiers sensibles n'appartiennent pas tous à la banlieue

Le seul mot de «quartier» devient aujourd'hui une dénomination générique pour exprimer l'exclusion. L'usage commun le confond trop rapidement avec les cités sensibles de banlieue.

En analysant cinq cents sites «prioritaires» faisant l'objet d'une intervention massive de l'État, l'INSEE a pourtant souligné la diversité des quartiers en difficulté. Il n'y a pas une figure exemplaire, mais une multitude de situations intermédiaires. En province déjà, plus de la moitié des quartiers sensibles sont intégrés dans la ville-centre, même s'ils ont appartenu autrefois à d'anciens faubourgs. Marseille, Toulouse, Nantes, Amiens, Rennes, Nîmes, Reims, Laval ou Besançon accueillent dans leur propre périmètre des grands ensembles très défavorisés. De nombreuses petites villes du Midi (Lodève, Pézenas, Lunel, etc.) possèdent des noyaux centraux en situation autrement plus critique que leur périphérie.

L'enquête a rappelé aussi que plus de la moitié des banlieusards français était implantée dans d'autres périphéries que les banlieues parisienne et lyonnaise. Sans doute la banlieue de Paris rassemble-t-elle 7 millions d'habitants ; mais sa dimension et l'histoire très originale de ses trois cent soixante dix-huit communes invalident toute synthèse à son propos. Les occasions d'emplois et de loisirs y sont plus nombreuses que dans les autres banlieues, en dépit des émeutes qui la concernent plus souvent.

Les périphéries de Paris et de Lyon sont plutôt des exceptions. Il est injuste, en tout cas, de leur faire porter l'exclusivité du « malaise des banlieues », même si elles sont les premières à avoir mis celui-ci en évidence. Plus d'un quartier «prioritaire» sur quatre fait partie d'une agglomération de moins de 50 000 habitants et une quinzaine d'entre eux appartiennent à des unités urbaines de moins de 10 000 habitants. Si la région Ile-de-France vient en tête par le nombre de conventions signées avec l'État et les municipalités concernées, c'est qu'elle a su se saisir la première des outils proposés par le gouvernement en 1982.

En terme d'enclavement, des contraintes pèsent sur ces quartiers, mais de manière inégale. S'ils sont en moyenne à 18 kilomètres de Notre-Dame en banlieue parisienne, ils sont distants de 2,3 kilomètres du centre dans les villes de province, ce qui n'est pas décisif en matière d'exclusion spatiale. Plus que la distance, ce sont les durées de déplacement et les marques physiques de rupture qui sont vivement ressenties. Les emprises ferroviaires, les périphériques, les canaux coupent fréquemment ces îlots sensibles du reste de l'agglomération. On constate ainsi que les quatre cinquièmes des quartiers sont longés par des voies rapides. 13 % d'entre eux sont traversés et 32 % bordés par une autoroute. Près de la moitié sont survolés ou limités par une ligne à haute tension.

De plus, l'architecture identifie ces îlots : la moitié sont constitués de barres et de tours, construites pour la plupart entre 1955 et 1974 ; on les assimile aux ZUP alors qu'ils sont loin de dépendre d'un seul cadre juridique.

La loi d'orientation foncière de 1967 substituera à ces ZUP les zones d'aménagement concerté (ZAC). Mais l'approche concrète de la planification montre que les opérations importantes ont toutes dérogé aux règles édictées, avant d'être légalisées, comme si l'on avait institué des cadres pour mieux les déborder. L'urgence de construire et les nécessités politiques ne pouvaient se satisfaire du temps long des études et des mécanismes juridiques. Ce faisant, les nouveaux quartiers n'ont pas été intégrés correctement à la commune et ils ont souvent été mal perçus dès l'origine.

Cette dissociation territoriale rend compte, en fait, de la segmentation administrative qui existait à l'époque entre les services de l'Urbanisme, de la Construction et de l'Habitat.

L'INSEE souligne aussi combien le statut de « locataire » identifie les habitants des quartiers sensibles : 55 % résident dans des logements locatifs sociaux alors que la moyenne nationale est de 15 %. Du point de vue démographique, les contrastes sont plus nets entre les différents quartiers prioritaires qu'entre les centres et les périphéries considérées dans leur globalité. La proportion de moins de vingt ans oscille dans ces quartiers entre 25 % à 50 %. La comparaison avec 1982 montre que la plupart de ces quartiers ont entamé leur vieillissement. Les familles nombreuses y sont cependant plus fréquentes qu'ailleurs. Près de 10 % des ménages y regroupent six personnes ou plus, contre 3 % pour la moyenne nationale.

Enfin, le chômage touche de plein fouet les secteurs sensibles. Il y concernerait 25 % des actifs en 1996, contre 12,6 % pour la France entière. De petits secteurs très déshérités ne bénéficiant pas de mesures spécifiques (villages ruraux ou microquartiers de petites villes) connaissent des taux encore plus alarmants. On distingue à propos du chômage deux cas de figure. D'abord, le quartier qui n'est que le reflet exacerbé de la situation communale, ce qui est fréquent dans le Nord, l'Est ou le Midi. Ensuite, le quartier d'exclusion qui se singularise par un taux de chômage beaucoup plus élevé que celui de la commune : on le trouve dans les régions les plus actives (Alsace, Ile-de-France) ou les plus rurales (Centre, Bretagne, Bourgogne...). Son appartenance à la banlieue n'est pas ici un critère déterminant.

Plus que l'augmentation régulière des taux depuis quinze ans, c'est l'allongement de la durée moyenne d'inscription au chômage qui est dramatique, en particulier dans la tranche des dix-huit à trente ans. Tout se passe comme s'il y avait une frange de population «inutile» qu'il suffirait d'assister en lui donnant un revenu minimal d'existence... Mais, à côté des 25 % de chômeurs, on aurait tort d'oublier les 75 % d'actifs, d'autant qu'une partie d'entre eux s'investit localement dans des associations dynamiques. Ils sont, pour les trois quarts, ouvriers et employés peu qualifiés.

Les quartiers ne sont pas des « ghettos ethniques »

Jusque dans les années 70, l'imagerie de la banlieue semblait en adéquation avec la quotidienneté vécue. Les figures du petit pavillon, du bistro ou de la guinguette produites par les films, comme on l'a vu précédemment, s'accordaient avec la poétique des lieux,

Tranche de cinq ans, par origine, en pourcentage

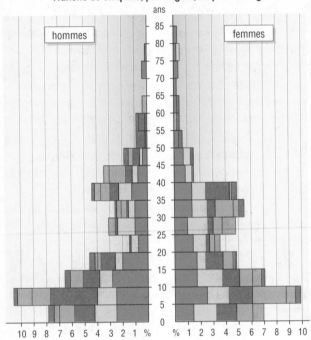

hommes / femmes

ans

10 9 8 7 6 5 4 3 2 1 %   % 1 2 3 4 5 6 7 8 9 10

Répartition par origine (en pourcentage)

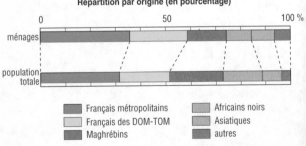

0   50   100 %

ménages

population totale

- Français métropolitains
- Français des DOM-TOM
- Maghrébins
- Africains noirs
- Asiatiques
- autres

Source : sondage (enquête directe).

dans le dénuement partagé. Pendant les années fastes que furent les «Trente Glorieuses», de 1945 à 1975, les cités modernistes offrant à tous les normes d'une vie sociale heureuse étaient en congruence avec les avancées journellement ressenties de la société industrielle et avec un projet social fondé sur le travail, la famille et la solidarité.

Les signes de rupture apparaissent à la fin de la période : la cité périphérique devient l'antimodèle. Ses qualités se sont épuisées au point de connaître un retournement spectaculaire : ce qui était le produit de la réforme part à la dérive. Les couches moyennes désertent ; les ménages s'isolent ; les discours sur l'insécurité et le refus des étrangers se banalisent.

En fait, les grands ensembles concentrent les contradictions d'une société finissante et les incertitudes d'un contrat social en émergence. Et le diagnostic de «ghetto», en ce qu'il rend compte de l'éclatement prévisible de la ville, prend de la consistance avec les événements très médiatisés des années 1990-1991

**Pyramide des âges
de Chanteloup-les-Vignes
(par tranche de cinq ans,
par origine,
en pourcentage).**
La base de cette pyramide, établie en 1987 à partir d'un échantillon réduit, met en évidence la vitalité différentielle des groupes de population dans une cité accueillant plus de 40 % de ménages étrangers. Globalement, les adultes restent peu nombreux et on note une quasi-absence de personnes âgées. La comparaison des segments dans les tranches d'âge de moins de vingt ans souligne l'importance des enfants non métropolitains. Entre vingt-cinq et cinquante ans, on voit se dessiner l'écart des âges entre hommes et femmes par groupes d'origine (Maghrébins et Africains subsahariens en particulier).

(à Vaulx-en-Velin, Sartrouville et Mantes-la-Jolie notamment), au point de conduire à la fameuse loi « antighetto », devenue loi d'orientation pour la ville (LOV*). Que le mot ait pu connaître une telle audience souligne bien la disjonction grandissante entre les cités et le reste de la ville, entre les représentations de la marge et celles du centre. Qu'est-ce donc en effet que le « ghetto », si ce n'est le territoire du rejet, le point ultime de l'écart dans la ville, au-delà du droit commun ? Le terme même conduit à passer d'un registre géographique à un registre éthique, et à reporter le discrédit qui touche le territoire sur la population qui l'occupe.

Pourtant, les quartiers sensibles ne ressemblent en rien à des ghettos pour autant que l'on se réfère aux quatre critères dégagés par les historiens à partir de la figure emblématique du ghetto vénitien apparu en 1516 : espace imposé par le pouvoir à une catégorie de population (les juifs en l'occurrence), lieu d'homogénéité ethnique, ensemble diversifié au point de constituer une véritable société en miniature, territoire contrôlé et discrédité par l'image infamante que lui renvoie l'extérieur.

Or, si ce n'est pour des raisons de sécurité, un État démocratique n'impose pas de résidence. Les cités sociales ne sont que très rarement occupées par une seule nationalité. Elles sont, au contraire, caractérisées par le regroupement de plusieurs origines : en 1990, Sarcelles rassemblait plus de quatre-vingts nationalités. Les resserrements ethniques ne sont pas favorisés par les commissions d'attribution de logements

DE L'AMALGAME À LA CONFUSION

sociaux, mais ils peuvent se produire à partir de choix liés aux affinités et, surtout, de données professionnelles résultant du « 1 % » consacré au logement par les entreprises. Si quelques rares ensembles comme celui des Bosquets à Montfermeil rassemblent 50 % d'étrangers, à côté de vieux quartiers ouvriers, comme celui du Marcreux à Aubervilliers, le taux moyen dans les quartiers sensibles se situe autour de 18 %. Il atteint 23 % en Ile-de-France. Il va de soi que les populations d'origine non métropolitaine, qu'elles soient maintenant françaises ou étrangères, sont beaucoup plus nombreuses. Leur présence conforte le discours sur la « ghettoïsation » : on compte jusqu'à 70 % de non-métropolitains dans certaines cités et 95 % d'enfants non métropolitains dans les écoles voisines.

L'étude des tranches d'âge par groupe d'origine mérite une grande attention. Elle permet de comprendre le sentiment d'envahissement. En 1987, dans une ZAC de la vallée de la Seine, les enfants de moins de vingt ans représentaient 60 % de l'ensemble du groupe des Africains noirs, 54 % de celui des Maghrébins, 47 % de celui des Antillais. Comparativement, le pourcentage des moins de vingt ans était de 42 % chez les métropolitains et de 45 % chez les Asiatiques, comme on peut le voir sur la pyramide des âges page 78.

Les copropriétés paupérisées et les lotissements pavillonnaires se prêtent mieux que le patrimoine social aux regroupements. Ces derniers dépendent notamment des périodes de migration, du marché de l'emploi et des occasions d'achat. On trouve ainsi des

81

noyaux italiens à Ivry, à Nogent ou à Nice, des noyaux polonais autour de Lille et de Lens, des Portugais à Champigny et à Villiers-sur-Marne, des Assyro-Chaldéens à Clichy-sous-Bois et à Sarcelles, de fortes communautés maghrébines à Garges-lès-Gonesse, à Saint-Denis, à Mantes-la-Jolie, à Vénissieux ou à Marseille, des Africains noirs aux Mureaux, etc.

La forme américaine de la communauté fermée, localisée en centre-ville, dénommée « ghetto » par l'école sociologique de Chicago dans les années 20, ne peut être transposée. Aux États-Unis, elle constitue pour l'étranger un lieu d'accueil avant un déplacement vers la périphérie, associé à une promotion sociale. Elle ne correspond pas au processus français d'intégration.

Le mot « ghetto » rappelle aussi l'histoire tragique du ghetto de Varsovie et son anéantissement en 1943 ; il véhicule avec lui des images de terreur et de mort. Les quartiers n'en sont pas là, mais comment ignorer la charge qu'on leur fait porter quand on les désigne de cette façon ?

Traiter les banlieues ?

L e traitement de la pauvreté et des secteurs marginalisés ne date pas d'hier, loin s'en faut ! Il faudrait plusieurs livres pour écrire l'histoire des marginalités et des thérapeutiques sociales depuis le XVIIIe siècle.

Différentes politiques ont été menées après la Seconde Guerre mondiale, avec, en point d'orgue, les mesures du ministre de la Reconstruction, Raoul Dautry, les suites législatives données à l'appel de l'abbé Pierre en 1954, la création des ZUP en 1958 et des cités de transit en 1960, les lois de 1967 et de 1970 contre les bidonvilles. Après avoir été le garant de la modernité, l'État s'est fait ainsi l'agent du progrès pour tous, suppléé souvent auprès des populations les plus en difficulté, par des associations comme Emmaüs ou ATD Quart-Monde.

Corrélativement à la réforme du logement de 1977 qui instaure l'aide personnalisée au logement (APL) visant à alléger la charge locative pour les bas revenus, la procédure «habitat et vie sociale» (HVS) retient déjà le quartier comme territoire d'intervention adapté à la réduction des marginalités. Elle concerne cinquante-deux sites de 350 à 1 800 logements, choisis essentiellement en périphérie urbaine ; mais elle reste modeste au regard de la rénovation des quartiers anciens.

Trois types d'ensembles bénéficient des mesures HVS : ceux qui s'inscrivent dans l'urbanisme d'urgence d'avant 1960 (comme La Chiffogne à Montbéliard), ceux de la grande période d'urbanisation des années 60 (La Pierre Collinet à Meaux, Frais-Vallon à Marseille, Lille-Sud, etc.), et les programmes récents tel Le Sillon de Bretagne à Nantes (1972). Les mesures, qui ne se réduisent pas au bâti, doivent répondre à trois objectifs essentiels : améliorer le confort, favoriser le développement d'une vie sociale harmonieuse et conduire à une meilleure intégration dans l'ensemble urbain.

Le programme HVS permet ainsi la naissance de nouvelles pratiques touchant tous les aspects de la vie quotidienne. Les ambiguïtés des procédures ultérieures sont déjà sous-jacentes : le principe de «renouvellement social» posé dans les textes officiels (repris sous les termes de «mixité sociale») implique des propositions contradictoires en mêlant l'émergence d'une identité de quartier et la normalisation des rapports sociaux. Il est aussi convenu que les habitants retrouveront leur dignité par une participation active : «Il importe que la population fasse siennes les réalisations entreprises en participant réellement à leur définition, voire à leur exécution» (circulaire du

3 mars 1977). Que ce soit à Nantes, à Meaux ou à Strasbourg (Neuhoff), la « dégradation sociale » – entendue comme la formation de «réserve» défavorisée – et l'inadaptation des services de proximité sont dénoncées. La restructuration est légitimée au nom de l'«équilibre social».

Après les rodéos de voitures et les drames de l'été 1981, et selon les propositions du maire de Grenoble, Hubert Dubedout, la Commission nationale de développement social des quartiers globalise les actions en intervenant dans tous les domaines de la vie sociale : scolaire, culturel, économique et judiciaire. Deux rapports sur la prévention de la délinquance et sur l'implantation de missions locales pour l'insertion des jeunes complètent l'orientation des dispositifs. Du côté des architectes, l'année 1983 voit la naissance du groupe Banlieues 89 dont les chefs de file, Roland Castro et Michel Cantal-Dupart, affirment la nécessité d'un fort investissement urbanistique pour en finir avec la «laideur et la misère que les banlieues entretiennent».

L'État se présente désormais comme l'«animateur» d'une action territorialisée et le garant de la solidarité nationale. Il ancre les programmes dans le moyen terme. Par des contrats de plan «ville-État-région» d'une durée de cinq ans, cent quarante-huit quartiers situés dans dix-huit régions sont l'objet d'une intervention spécifique. Un principe, la discrimination* positive (faire «plus» pour ceux qui ont le moins), et trois orientations la définissent : globalisation des actions, participation, partenariat. Le refus de la ville à deux vitesses donne son sens à la démarche.

En 1988, Michel Rocard met en place la délégation interministérielle à la Ville. Un an plus tard, quatre cents quartiers (dont soixante-cinq en Ile-de-France) bénéficient de conventions de développement. Les années 1990-1991 sont fertiles en événements : la création du ministère de la Ville, le vote de deux lois, l'une sur le droit au logement des plus défavorisés, l'autre sur la solidarité financière visant à réduire l'écart entre les villes riches et les villes pauvres. La loi suivante dite « d'orientation pour la Ville » poursuit cinq objectifs, outre l'instauration formelle du « droit à la ville » : la préservation de l'habitat social, une répartition plus équilibrée de celui-ci, la réintégration des grands ensembles dans la ville, le renforcement de la participation des habitants, enfin la suppression des ZUP et la capacité pour les villes de mener une politique foncière efficace. Deux cent quatorze contrats de ville sont signés en 1994 et douze grands projets urbains (GPU) sont retenus sur des sites particulièrement sensibles.

Enfin, le pacte de relance annoncé à Marseille le 19 janvier 1996 plaide pour un renforcement de l'État dans les périphéries. Il complète les démarches préexistantes dans les domaines suivants : organisation des établissements publics, fiscalité, emploi, sécurité et logement.

Des dispositifs d'exonération fiscale sont développés, avec la création de sept cents zones urbaines sensibles (ZUS), de trois cent cinquante zones de redynamisation urbaine (ZRU) bénéficiant d'une exonération de taxe professionnelle compensée par

Démolition de tours.
La démolition, en octobre 1994,
des dix tours du quartier
« Démocratie » sur le plateau
des Minguettes à Vénissieux
s'inscrit dans un programme
d'ensemble visant à détruire environ
cinq mille logements sociaux par an.
Les pouvoirs publics avancent

plusieurs raisons : vétusté, nécessité
de dédensifier, vacance structurelle
des logements dans les grandes cités,
etc. Néanmoins, après l'intense
réflexion urbanistique qui s'était
développée sur ce quartier
dans les années 80, le dynamitage
apparaît ici comme un échec.
Ph. © Huron/Editing.

l'État pour une durée de cinq ans, et de trente-huit zones franches pour attirer les entreprises et introduire de nouveaux emplois dans les secteurs les plus difficiles.

Un pôle d'établissements publics, au-delà des banales sociétés d'économie mixte, fournit la garantie financière de l'État et renforce la cohérence entre les différents acteurs. Un établissement national prend en charge la restructuration des commerces et des espaces artisanaux. Un appel à projets doit susciter des initiatives locales dans des champs qui se prêtent mal à l'incitation par subvention.

Cent mille «emplois de ville» réservés à des jeunes de dix-huit à vingt-cinq ans révolus et résidant dans les quartiers sensibles seront créés en quatre ans. Ces contrats, conclus pour une durée de douze à soixante mois, renouvellent les «contrats-emplois consolidés». Ils répondent à des besoins non couverts par le secteur marchand.

En matière de sécurité, quatre mille policiers seront redéployés dans les quartiers de banlieue. Des unités à «encadrement éducatif renforcé» sont créées pour les très jeunes délinquants. La comparution à délai rapproché assurera un traitement rapide des délits et un rappel au droit pour les mineurs récidivistes.

Le thème de la diversité sociale dans l'habitat est développé à partir d'une possible dérogation aux plafonds d'accès des prêts locatifs aidés (PLA), et d'une gestion fine des attributions de logement.

Pour soutenir cette entreprise, quinze milliards de francs seront « débloqués » en trois ans. Mis à part les dépenses nouvelles liées aux exonérations et aux emplois de ville, il s'agit de simples redéploiements de crédits.

Des limites multiples

D'abord, la dénomination «politique de la ville*», employée à partir de 1989, prête aux mesures une ambition qui les dépasse. Cette politique se présente plutôt comme une superposition de procédures et d'ajustements techniques ; d'évidence, elle concerne davantage les secteurs en difficulté que la ville dans son ensemble. La réunion des deux mots, «politique» et «ville», inquiète les acteurs de terrain, parce qu'ils y voient une dimension politicienne à laquelle ils n'adhèrent pas et un assemblage de mesures qu'ils sont incapables de maîtriser dans leur totalité. La complexité de cette «politique» la rend peu lisible par les non-spécialistes : ils en comprennent mal la «géographie à étages», et ils ne situent pas le rattachement institutionnel des «ingénieurs sociaux» (chefs de projet ou agents de développement) et les objets réels de la globalisation (concertation, dispositifs ou financements...). Le flou de nombreux projets, souvent caché par une terminologie ambitieuse («Changer la ville, changer la vie», «Faire des habitants les acteurs du changement»...), laisse libre cours à toutes les interprétations.

Ensuite, les insuffisances dans l'analyse des échecs et le peu de considération accordée aux évaluations donnent le sentiment du piétinement. Le découragement gagne les travailleurs sociaux. La multiplicité d'intervenants aux objectifs opposés ajoute à l'impuissance. Le peu de concordance entre les décisions de l'État et les volontés municipales ralentit souvent les procédures.

Le passage du développement social urbain (DSU) au contrat de ville en 1992 a multiplié les enchevêtrements institutionnels. Ceux-ci confinent à l'absurde quand il s'agit de monter des projets concrets sur les quartiers en associant plusieurs partenaires. La complexité non maîtrisée peut conduire à des fuites de crédits.

Enfin, depuis 1994, la récupération par les municipalités du développement social est manifeste. La fonction de «chef de projet» devient plus technique et donc plus éloignée des habitants. Elle se rapproche de celle d'adjoint du secrétaire général de mairie.

On n'échappe pas à la contradiction qui conduit à insister sur la gravité des problèmes en les désignant, dès lors qu'on cherche à les résoudre. Les diagnostics relatifs aux quartiers se ressemblent tous, de même les discours des responsables locaux, comme s'ils avaient été influencés par les propos les plus médiatisés : ils mettent en évidence l'aggravation de l'insécurité et de la précarité, les conflits de cohabitation, l'absence d'entretien des espaces communs.

Or les perceptions des habitants sont très changeantes d'un site à l'autre. Toutes ne sont pas négatives. Dans les enquêtes, la moitié des locataires se déclarent régulièrement satisfaits de leur logement et des équipements voisins. Le quartier est perçu comme

Banlieues bleues.

Le festival de jazz « Banlieues bleues », né au milieu des années 80 dans la Seine-Saint-Denis, connaît maintenant une audience nationale. Il rend compte de la vie culturelle foisonnante qui s'enracine en banlieue, au même titre que la chanson, le théâtre et le cinéma. Le concert présenté ici s'est déroulé en avril 1992, place Nelson-Mandela, dans un quartier de Sevran, au nord-est de Paris. La fanfare est dirigée par Michel Godard et Jean-François Canape. Ph. © G. Le Querrec/Magnum.

«sensible» en priorité par les populations extérieures aux cités ; celles-ci y voient l'expression concrète de la fracture sociale. A cet égard, le succès du film *La Haine* de Matthieu Kassovitz en 1995 souligne moins le besoin d'identification des jeunes que le désir des couches moyennes d'être rassurées : celles-ci se satisfont à peu de frais du spectacle exotique des cités de banlieue parce qu'il leur est à la fois proche et lointain, très bien situé tout en restant périphérique.

Selon cette vision bipolaire opposant les inclus aux exclus, plusieurs procédures ont été généralisées, sans tenir compte des besoins exprimés localement. Par exemple, les entreprises d'insertion ont été multipliées sans que l'on se pose toujours la question de la concurrence avec les entreprises ordinaires. La critique selon laquelle l'État définirait des emplois de «deuxième ordre» pour citoyens de «deuxième zone» est souvent formulée, à telle enseigne que la politique de la ville ne ferait qu'entériner la dualisation de la société, tout en limitant les effets les plus visibles de l'exclusion.

Les expérimentations liées au retour des services de l'État dans les quartiers se heurtent à l'ambiguïté de la définition du «service public». S'agit-il d'un simple mode d'organisation, ou d'une série de services «au public» confondus avec la présence d'équipements visant une population spécifique ? Dans le cadre des quartiers, le service public deviendrait ainsi une sorte de «service social» nécessitant des agents spécialement formés, alors qu'ailleurs il chercherait simplement à gagner en efficacité...

Au bout du compte, les finalités de la politique se diluent dans la profusion des attendus : s'agit-il de restructurer les espaces urbains marginaux pour les mettre en position d'égalité, d'inciter au développement des relations sociales pour les améliorer, de réguler les tensions locales en faisant porter l'effort sur la gestion de proximité, de laisser la parole aux habitants pour mieux prendre en compte leurs besoins réels ?

La participation n'a toujours pas trouvé ses marques. Les réhabilitations des immeubles sont rarement conçues comme un tremplin pour améliorer les modes de gestion et les relations entre les locataires. De plus, des minorités actives accaparent souvent la parole des habitants et la représentation des problèmes. Certaines associations ne représentent que les militants qui en bénéficient financièrement, et les travailleurs sociaux s'épuisent pour leur donner satisfaction ! Vu la faiblesse des structures mêlant les générations, les jeunes ont tendance à s'approprier les revendications, alors que les parents et les personnes âgées dont le pourcentage ne cesse de croître, même en banlieue, restent en retrait. Mais comment tenir compte de la majorité silencieuse et lui donner le désir de s'exprimer ?

Face à la délinquance, les acteurs locaux répondent par des actions socio-éducatives touchant les jeunes, en oubliant souvent de travailler sur la famille et sur le désinvestissement de l'espace public par les adultes plus âgés. De même, on peut développer des initiatives en faveur de l'intégration des immigrés sans voir le ressentiment des Français laissés pour compte : les démarches trop catégorielles aiguisent les animosités. Il y aurait tout un travail à mener d'énonciation des relations sociales quotidiennes. Dans les banlieues des grandes agglomérations, la question des rapports interethniques donne lieu à tant de débordements qu'elle mérite une approche directe des institutions, sans user du paravent facile des valeurs de la République qui ne reconnaîtrait que des individus.

Les errances du partenariat résultent aussi de la difficulté à trouver un langage également compris et partagé – autrement dit une grammaire et un vocabulaire communs. Les mots n'ont pas le même sens selon les intervenants, selon leur passé, leur tendance politique, leur implication associative… On comprend alors la difficulté de l'État et des élus à faire passer leur message auprès des habitants. Ces carences soulignent les insuffisances du débat public au cœur des quartiers et les limites de la démocratie représentative.

La discrimination positive en question

En présentant en mai 1996 les orientations du pacte de relance, le délégué interministériel à la Ville déclarait : «La discrimination positive territoriale consiste, dans le respect des principes républicains d'égalité de l'ensemble des citoyens devant la loi, à doter certains territoires d'une capacité de faire mieux, mais aussi d'une capacité de faire autrement et différemment qu'ailleurs.» C'est dire si cette théorie fonde l'intervention de l'État en faveur des quartiers sensibles. Elle est nettement distinguée de la discrimination anglo-saxonne, dans la mesure où celle-ci reconnaît les communautés ethniques et impose des quotas, ce qui est «rigoureusement contraire» aux principes consti-tutionnels français.

Il n'empêche que la discrimination positive à la française est d'abord une discrimination. Elle résulte d'un tri, d'une hiérarchisation et d'une logique inéga-litaire susceptible de développer des effets en retour très violents en période de compétition pour l'accès à l'emploi et au logement. Là où elle devrait favoriser un groupe social, elle prend le risque de le stigmatiser en le désignant. Elle semble particulièrement ambiguë quand elle se fonde sur la délimitation de zones à dispositifs variables, comme on vient de le voir, et sur des traitements économiques dérogatoires au Code du travail et aux principes de l'aménagement du territoire.

Aux États-Unis, cette politique de discrimination *(affirmative action)* reste controversée. Elle a eu des effets bénéfiques incontestables mais elle a produit la désertion des couches moyennes de couleur dans les quartiers concernés et un vif ressentiment des popu-lations blanches précarisées ne bénéficiant d'aucune aide particulière. Les ghettos se sont renforcés et la ségrégation raciale s'est doublée d'un clivage écono-mique.

Qu'adviendra-t-il dans cinq ans des formes de discrimination positive en vigueur en France ? Ce laps de temps est-il vraiment suffisant pour remettre à niveau les quartiers concernés ? L'augmentation des précarités permet d'en douter... Se dirige-t-on alors vers une discrimination structurelle assise sur la permanence de catégories et de territoires marginalisés ? Pour y remédier, peut-on vraiment échapper à la logique des contingents réservés ? Force est de reconnaître que le mixage social ne se produit plus vraiment, notamment au niveau du logement.

La multiplication des zones à statut d'exception révèle l'inadaptation des formes classiques de gestion de l'espace. Si l'on superposait toutes les zones délimitées depuis trente ans par les commissions gouvernementales, en y ajoutant les zones définies par Bruxelles, il est à parier qu'il n'y aurait plus un seul arpent du territoire préservé de toute action spécifique. Ne conviendrait-il pas alors de revoir le statut des territoires, de réformer l'action publique ordinaire et le droit commun ? Mais l'État, laminé au cœur par la décentralisation avec la constitution de fiefs électoraux, et à l'extérieur par la mondialisation, peut-il encore innover en ce sens ?

Il faudrait aussi identifier les modes de fonctionnement qui engendrent de la vulnérabilité, sans oublier les données du « marché ». Sinon, comment croire que les quartiers marginalisés rattraperont une agglomération elle-même soumise à des contraintes techniques draconiennes ? Comment pourraient-ils se raccorder à une centralité qui n'en finit pas de se redéfinir ?

En matière sociale, on peut se demander également quand et comment les plus pauvres rejoindront la norme alors que le rapport au travail, les statuts professionnels, la famille sont en pleine mutation, et que la norme ne cesse de se modifier.

Il serait dangereux aussi de laisser croire que les misères les plus extrêmes sont étroitement territorialisées. Toutes ne s'enracinent pas : les sans-domicile-fixe, par définition, n'ont pas de lieu où reposer la tête. La majorité des bénéficiaires du revenu minimum d'insertion (RMI) et des chômeurs de longue durée ne sont pas localisés dans les quartiers faisant l'objet d'une convention, mais plutôt dans les interstices des noyaux centraux ou dans le milieu rural.

Finalement, l'action sociale paraît hésiter encore entre le principe du rattrapage et celui du développement endogène des quartiers, au risque de faire gérer «le ghetto par le ghetto», quitte à l'aider massivement pour «compenser» ses inégalités structurelles. On a du mal à croire que cette forme de discrimination donnera des atouts supplémentaires aux quartiers et leur permettra de tracer «la géographie prioritaire de l'innovation sociale», comme le dit encore le délégué interministériel à la Ville...

Les pièges à éviter pour demain

A l'évidence, la question des banlieues soulève une foule d'interrogations qui débordent largement le cadre périphérique. Elle introduit aux formes nouvelles de l'organisation des hommes dans l'espace. Elle met en lumière le temps long nécessaire à la constitution d'un quartier, les limites des approches gestionnaires et les difficultés du rapport à autrui dans un monde excessivement technicisé. Elle pointe les contradictions des orientations politiques qui sont sociales dans leurs fins, mais rarement dans leurs moyens.

Pour l'avenir proche, plusieurs pièges sont à éviter, et d'abord les modes terminologiques. Les mots ont une charge et une histoire et on ne saurait les utiliser à tort et à travers ; ainsi en est-il des termes d'exclusion, de ghetto ou de discrimination... Le mot « crise » revient lui-même régulièrement pour mettre en relief les forces de dissociation dans la ville, alors que celle-ci semble définie, depuis sa fondation, par des alternances de décomposition et de recomposition.

Les expressions courantes «droit à la ville» ou «droit au travail» sont d'autres pièges. Ces droits formels prévalent davantage dans les colloques que dans les faits, car les gouvernements sont incapables d'y répondre pour des raisons budgétaires évidentes. Le mot «citoyenneté» utilisé à l'envi par les acteurs sociaux est aussi galvaudé. La citoyenneté prend sens dans une société politique : en soulignant la capacité qu'ont ses membres de faire la loi, elle symbolise leur responsabilité de citoyen. La «citoyenneté de proximité», mise en avant dans les banlieues, se manifeste par un ensemble de pratiques (réunions, animation de conseils, démarches de solidarité, etc.) ; elle ne saurait remplacer l'exercice ordinaire de la citoyenneté qui s'exprime par le vote. Mais, comme partout, la mobilité d'une partie de la population et la rotation dans les logements limitent la constitution d'identités localisées.

Il convient aussi de ne pas tomber dans l'idéologie pour rendre compte des rapports sociaux. On ne peut ignorer le sentiment d'insécurité, les trafics, les

différences culturelles, les problèmes concrets de cohabitation dans les quartiers. On ne laissera pas croire
non plus que des relations sociales harmonieuses se
développent à distance et qu'on travaille à la reconsti-
tution du «lien social» en perfectionnant les outils
techniques qui permettent d'éviter autrui. D'un côté,
on pose des digicodes au nom de la sécurité et on se
dispense ainsi de tout contact humain ; de l'autre, on
développe des réseaux de communication à distance
qui permettent aux plus performants de se placer en
position de centralité, même s'ils résident en banlieue.

Par conséquent, le quartier n'est un cadre d'identification immédiat que pour les femmes maintenues
au domicile, les plus âgés ou les plus pauvres. Il n'est
ni un espace de mobilisation, ni un lieu de mixité
vécue. N'est-il pas absurde alors de faire porter les
fonctions symboliques d'intégration urbaine et de
citoyenneté sociale sur les territoires qui sont le moins
capables de les réaliser ? N'est-il pas incongru aussi de
laisser croire que chaque quartier devrait être un
modèle réduit de ville, doté d'équipements publics
qui, en temps normal, se répartissent dans toute l'agglomération ?

Des formules ambiguës, comme le «contrat de
ville», ont pu laisser croire qu'on avait changé
d'échelle dans le traitement des quartiers périphériques. Mais il s'agit souvent de jeux d'écriture. Il n'y
a pas de volonté radicale pour inscrire les quartiers
dans une logique d'agglomération. Il faudrait antici-
per les évolutions selon les contextes, notamment à
partir des réseaux qui parcourent la ville.

Plutôt que de dépenser trois cents millions de francs dans la restructuration des quartiers du Luth à Gennevilliers et des Minguettes à Vénissieux, ne conviendrait-il pas d'abord de prolonger le métro jusqu'au cœur de ces quartiers ? Les grands projets urbains qui les concernent sont à la croisée de deux logiques contradictoires : celle du désenclavement et celle de la «réserve» conduisant à «dorer le ghetto».

La mosaïque des zonages*, comme dans la Seine-Saint-Denis, au nord de la capitale, ignore souvent les axes économiques directeurs de l'agglomération. En 1996, on n'y dénombrait pas moins de dix zones d'éducation prioritaire, dix-neuf contrats de ville, trente-cinq quartiers classés «zones urbaines sensibles», vingt-deux communes signataires des emplois de ville, quatre grands projets urbains, deux zones franches... Au total, les deux tiers de la population de ce département bénéficiaient d'une procédure spécifique !

Les lois de décentralisation, votées en 1982, auraient sans doute évité cette dispersion si elles avaient été accompagnées d'une obligation à l'intercommunalité. Elles ont, au contraire, démultiplié les rivalités et les enjeux locaux. La redéfinition de la cohérence des agglomérations, en termes aussi bien politiques que sociaux, est la question d'avenir en matière d'aménagement du territoire.

Pour l'instant, on se trouve devant un paradoxe tel que la résolution d'un problème entraîne aussitôt l'aggravation d'un autre. Par exemple, quand on intervient pour améliorer l'image d'un quartier, l'objectif est de lui redonner de la valeur foncière ; mais toute augmentation de loyer rejette plus loin les pauvres pour lesquels on est censé agir.

Enfin, la croissance du chômage de longue durée ne cesse d'assombrir l'avenir des banlieues. Quoi qu'on en dise, le travail reste la matrice du lien social et de la reconnaissance identitaire. En l'absence de perspectives professionnelles et sans protection durable, l'individu s'épuise et les institutions perdent de leur crédibilité. Le chômeur qui se soumet aux pourvoyeurs d'aides est réduit à une situation d'indignité.

On n'a jamais fini d'ouvrir les champs possibles de l'activité, d'explorer les formes de travail partiel, de revoir les critères d'embauche et de management au sein des entreprises. En attendant, les solutions qui valorisent les relations directes devraient être multipliées ; on pourrait faciliter les échanges de services entre les habitants, par exemple. Certaines associations interviennent déjà en ce sens et contribuent à effacer le déshonneur lié à l'excès d'assistance.

Au final, si l'on évacuait l'obligation d'offrir à tous un emploi, c'est non seulement la population des périphéries qui serait en danger, mais la démocratie elle-même. La place du politique est au cœur du débat. Or, force est de constater que la participation à la vie civique est submergée par la crise sociale. Les taux d'inscription sur les listes électorales et de participation diminuent régulièrement dans les banlieues sensibles. Dans quelle mesure un assisté sans espoir d'emploi peut-il se reconnaître «citoyen» ? Les fractures sociales se doublent immanquablement de fractures politiques.

Une lecture rétrospective des cent cinquante dernières années montre que la citoyenneté et l'égalité sociale progressent toujours de concert en France. Aussi est-on en droit de douter de l'efficacité actuelle de la discrimination positive. Sans intention commune de refonder le contrat social et d'adhérer à un projet de société, l'équité repose sur une illusion. Il est à craindre alors que la dimension politique s'efface devant la force de l'émotion brute, et que les habitants des banlieues les plus déshéritées, notamment les jeunes, soient amenés à transgresser les normes, et non plus à gérer les conflits par la négociation.

Pour comprendre la déshérence des quartiers sensibles et la progression spectaculaire du chômage en vingt ans, on ne peut ignorer les phénomènes de mondialisation, en particulier les fluctuations du capital financier. En multipliant les concurrences déloyales, le jeu économique mondial est profondément injuste ; les changes flottants et la volatilité des capitaux déstabilisent les économies fragiles et accroissent les inégalités.

Le travail des enfants, le travail forcé ou scandaleusement sous-payé devraient faire l'objet de sanctions internationales. Sans clause de sauvegarde sociale prise au plus haut niveau, notamment celui du Fonds monétaire international, on voit mal comment on pourrait échapper à l'instauration d'un protectionnisme minimal, qu'il vienne de France ou d'Europe. Quand il y va de la cohésion des États et de la démocratie, les impératifs financiers ne doivent-ils pas se plier aux impératifs sociaux ?

Pour conclure

Entre la marginalisation et l'intégration, entre la régression et la réconciliation, la banlieue n'a donc pas encore trouvé sa place. Mais peut-elle la trouver tant que les décisions économiques restent corsetées par les contraintes extérieures ?

Sans doute convient-il, pour comprendre les processus à l'œuvre, de les inscrire dans le temps long de l'urbanisation, dans l'histoire du mouvement social et dans la dynamique des systèmes urbains, en ayant soin d'éviter les falsifications. On ne peut traiter des espaces de banlieue de manière statique ; il faut les regarder comme des lieux habités où s'élaborent péniblement toutes sortes d'adaptations : scolaire, économique, culturelle, sanitaire... sinon, pour reprendre les plus pessimistes, comme des espaces d'exclusion promis à la violence ou à l'implosion – lieux troubles qui nous montrent, comme le négatif du cliché, ce qu'il peut advenir de la marge dans une société inféodée aux «grands équilibres».

Il est vrai aussi que, avec l'étalement de la ville, l'extension du domaine périurbain et la reproduction, à chaque niveau d'échelle, de processus d'agrégation selon le jeu des prix fonciers, de la distinction sociale et des affinités, la notion géographique de «banlieue», comme ceinture agglomérée autour du noyau central, n'a guère de pertinence opérationnelle...

La «banlieue» stigmatisée par l'opinion est davantage une figure abstraite qu'une entité clairement délimitée. A la veille de l'an 2000, entre postmodernité et

Le président Hip Hop. *paru dans* Le Monde *(1991).*
Dessin de Plantu

millénarisme, entre peurs et fantasmes, elle trouve un terrain d'élection. Mais elle est souvent un prétexte pour parler d'« autre chose », par exemple de la peur du métissage, du sentiment d'exclusion, de la nostalgie du village, du pouvoir des médias et de l'impuissance face aux mutations du monde actuel…

La «politique de la ville» a peut-être freiné les évolutions spontanées. Elle a proposé des réponses en termes de morphologie urbaine, de réhabilitation du bâti, de circulation, d'environnement paysager ; mais celles-ci paraissent limitées au vu de l'ampleur de la crise sociale.

Les gouvernements agissent comme si le «malaise des banlieues» était strictement territorial. Il exprime, en fait, un problème social très général. L'objectif ultime n'est plus d'intégrer les quartiers dans la ville, mais d'intégrer les hommes dans la société.

Ce faisant, la question urbaine s'est modifiée. Les secteurs sensibles ne sont pas la simple traduction spatiale des rapports sociaux dans la ville ; ils expriment plus visiblement que les autres quartiers le creusement des inégalités et la fragmentation sociale. Parce qu'elle est plus fragile, leur population est soumise plus directement à l'agressivité des classes moyennes menacées par le chômage et à la montée des idéologies extrémistes.

La participation offerte à ceux qui n'ont pas la capacité matérielle de déménager, c'est-à-dire à ceux qui sont le plus dépendants socialement et économiquement, ne semble souvent qu'une stratégie de communication de nature plus ou moins clientéliste. Plus généralement, les banlieues difficiles soulignent le déficit de citoyenneté qui touche toutes les agglomérations, et la crainte des élus locaux devant des mouvements associatifs qui leur échappent.

On se berce sans doute d'illusions quand on croit y observer les prémices d'une nouvelle identité populaire. Si la banlieue parisienne a véhiculé une imagerie originale transmise par la littérature et le cinéma, n'est-ce pas trop s'avancer que d'y voir l'expression d'une nouvelle culture ? On tombe dans la démagogie quand on y localise les sommets de l'expression artistique contemporaine... N'en déplaise à certains, le pouvoir, l'accumulation de la richesse et la reconnaissance culturelle restent situés au centre.

Les formes récentes de la périurbanisation en lotissements bourgeois montrent que les plus aisés mettent en œuvre des processus ségrégatifs très rigoureux et des stratégies fines de contournement scolaire pour se préserver : les oppositions locales s'affirment entre des résidences protégées par leur coût élevé et des poches d'habitat laminées par la précarité. La redéfinition de l'habitat social par un amendement à la loi d'orientation pour la ville (ex-loi «antighetto») a permis de dédouaner quantité de villes riches de toute participation à la mixité sociale et, par conséquent, de leur éviter la construction de logements pour les plus démunis.

La cristallisation de noyaux durs de paupérisation et les limites perceptibles de la solidarité nationale forment-elles alors un ensemble à partir duquel le redressement n'est plus possible ? A-t-on franchi un point de non-retour ? La question mérite d'être posée, même s'il suffit d'un regard sur le passé pour voir qu'il n'existe aucune fatalité...

Annexes

Glossaire

Agglomérations : unités urbaines rassemblant plusieurs communes qui sont reliées entre elles par des constructions jointives ou séparées par moins de deux cents mètres, et comptant au moins cinquante habitants.

Attraction (aire d') : espace sous la dépendance de la ville. L'aire d'attraction correspond à un territoire périphérique dont les habitants sont attirés pour une raison ou pour une autre (travail, études supérieures, commerces, services hospitaliers, loisirs, tourisme, etc.) par le pôle central.

Barrières : les barrières se matérialisent aux portes d'entrée des villes où étaient établis les bureaux d'octroi. Maintenu en France jusqu'en 1948, l'octroi correspondait aux taxes payées par l'entrée en ville de certaines denrées. On l'assimile souvent à l'administration chargée de percevoir ce droit. Au XIXᵉ siècle, se développe toute une culture des barrières, notamment avec les théâtres des barrières : théâtres de la Porte-Saint-Martin, de la Porte-Saint-Antoine ou des Bouffes-du-Nord, etc. Il ne faut pas confondre les «barrières», symbolisant une frontière fiscale, avec les fortifications (les «fortifs»), qui ont une fonction militaire de défense.

Discrimination : du latin *discrimen* qui est l'action de trier (*cernere*) en séparant. Sans nuance péjorative au départ, la discrimination relève aujourd'hui d'une logique inégalitaire fondée sur la hiérarchisation (alors que la ségrégation relève d'une logique différentialiste) : sauf si elle est dite «positive», elle souligne l'infériorisation d'un groupe social par rapport à un autre.

Dotation de solidarité urbaine (DSU) : cette dotation constitue un des volets de la loi sur la solidarité financière adoptée en avril 1991. Celle-ci modifie les règles d'attribution de la dotation globale de fonctionnement (DGF) et permet une redistribution des crédits au profit des communes les plus défavorisées. Pour l'Ile-de-France, un fonds de solidarité assure une péréquation fiscale : cinquante-deux communes sont mises à contribution, tandis que quatre-vingt-quatorze autres en bénéficient.

Ethnies : les approches de l'ethnicité varient selon les États, les cultures et le niveau d'organisation sociale. En simplifiant, quatre points permettent de définir l'ethnie : la mémoire (souvent transcrite en termes de mythe), un ensemble partagé de codes et de symboles, une manière commune de se nommer, et une communauté d'aspirations correspondant à un même vouloir-vivre ensemble. L'ethnie est donc un assemblage de traditions, de valeurs et de signes et non une communauté biologique fondée sur une origine commune. En règle générale, crispations classificatoires et violences se répondent ; elles traduisent un affaiblissement culturel. Aujourd'hui, on distingue, à côté des ethnies répertoriées par les ethnologues, des ethnies instrumentales circonscrites par un métier ou par une caste (les «dioulas» ou les «haoussas» qui sont des commerçants par exemple), des ethnies fictives qui résultent d'un artifice conçu par le pays d'accueil (les Maghrébins ou les

Hispaniques aux États-Unis) ; des ethnies régressives valorisant une origine réelle ou supposée (les «Afros» revendiquant leur africanité dans les Caraïbes...) et des ethnies folklorisées et appropriées par souci d'identification adolescente (les «zoulous», les «rastas»...). Dans les banlieues françaises, les dénombrements ethniques sont tous sujets à caution : ils ne reposent sur aucun fondement scientifique.

Ghettos : certains quartiers défavorisés ont été assimilés à tort à des «ghettos». Le quartier vénitien imposé aux Juifs par la Sérénissime en 1516 est la métaphore parfaite du ghetto : enclave hors du droit commun, séparée par un réseau de canaux, et dépréciée de l'extérieur. D'autres ghettos historiques à la fin du Moyen Age correspondent à de simples rues adossées aux murailles d'une ville (la *Judengasse* à Francfort) ou à de véritables villes en miniature (la *Judenstadt* à Prague). Par extension, le ghetto désigne en Europe un espace de relégation séparé des bienfaits de la centralité par des lignes de rupture (routes, zones d'activité, décharges, etc.). Mais deux conceptions coexistent dans le discours contemporain : celle du simple quartier spécialisé (souvent revendiqué comme refuge) et celle du territoire paroxystique de l'exclusion sociale, aboutissement d'une stratégie d'enfermement identique à celle qui a rejeté le fou, puis le pauvre au XVIIᵉ siècle. En passant du concret à l'abstrait, le ghetto finit par désigner toutes les situations de ségrégation, ce qui n'est guère admissible étant donné la puissance d'évocation du mot.

Grands ensembles : il n'y a pas de définition stricte des grands ensembles, mais le seuil des mille logements et l'autonomie territoriale sont souvent retenus. Les procédures qui leur ont donné naissance sont multiples et leur statut varie selon l'initiative des décideurs : municipalités, offices publics d'HLM, sociétés dépendant de la Caisse des dépôts et consignations, organismes patronaux, promoteurs privés... Certains sont des copropriétés (Terraillon à Bron, Les Bosquets à Montfermeil, etc.), mais la plupart sont des groupes locatifs d'habitat social. En mettant à part les cités-jardins et les «Gratte-ciel» à Villeurbanne, leur construction commence en 1952. Les deux tiers ont été terminés après 1965, alors qu'une réflexion critique se développait déjà à leur sujet. A l'improvisation initiale a succédé un urbanisme opérationnel avec la création des ZUP en 1958 et des ZAC en 1967. Ces ensembles répondent à une idéologie de la modernité : ils doivent abolir les distinctions de classe, unifier les modes de vie, promouvoir les valeurs collectives et donc préfigurer la cité du futur. Beaucoup resteront inachevés. Ils ne sont pas faits pour fixer des emplois : leur fonction est résidentielle et le principe de la migration pendulaire leur est intimement lié. Leurs difficultés initiales tiennent à leur implantation au moindre coût, aux malfaçons et à la rigidité du cadre bâti. Leur composition sociale s'est modifiée puisqu'ils abritent maintenant des populations à la fois plus différenciées par les âges, les origines géographiques, les motivations, et plus uniformes par le niveau de ressources. Sauf exception, leur paupérisation met en péril leur réhabilitation.

HBM : habitations à bon marché. Elles ont été créées en 1894 par la loi Siegfried qui définit le rôle de l'État dans la politique du logement, et elles préfigurent les habitations à loyer modéré (HLM). La loi Bonnevay en 1912 entraînera les municipalités et les départements dans la production du logement par offices interposés.

LOV : loi d'orientation pour la ville, votée en juillet 1991. Elle garantit le droit à la ville pour tous les habitants. L'exercice de ce droit passe par la mise en œuvre du droit au logement, par la «mixité» sociale et par la solidarité financière entre les communes. La loi a pour but de favoriser une répartition plus équilibrée de l'habitat social, de préserver l'habitat à vocation sociale dans les centres et les quartiers anciens, de réinsérer les «grands ensembles» dans la ville (en supprimant les ZUP notamment), et de donner aux villes de nouveaux moyens d'action foncière.

Marginalisation : ce mot désigne à la fois le mouvement qui consiste à rendre marginal et le fait d'être marginal. C'est le fait de rendre minoritaire un groupe pour le priver d'influence, mais c'est aussi le fait de se mettre à l'écart.

Périurbain : adjectif et substantif. Au sens littéral, ce qui est «autour» de la ville, mais qui fait partie de la ville par les activités et les modes de vie des habitants. Le périurbain comprend l'espace d'urbanisation périphérique récente par lotissements ou par constructions individuelles diffuses, en dehors de l'agglomération. Le mot «rurbain», importé d'outre-Atlantique, fait référence aux habitants de l'espace périurbain, et la «rurbanisation» au processus de déconcentration de la population vers les communes rurales proches des grandes villes.

Politique de la ville : cette politique qui se présente plutôt comme un assemblage de mesures est tirée de l'idée que la question sociale peut se résoudre par un traitement différencié des espaces, selon une géographie «prioritaire». Les rapports issus des missions confiées en 1981 à Bertrand Schwartz (emploi), à Gilbert Bonnemaison (prévention) et à Hubert Dubedout («Ensemble refaire la ville») vont préciser l'approche territoriale. Avec l'appui des lois de décentralisation et de la Commission nationale de développement social des quartiers, l'État se lance dans une politique contractuelle. Le Xe Plan (1989-1993) distingue des procédures de quartier et de ville (contrat de ville et convention ville-habitat). En 1990, ces quartiers abritent 3,5 millions d'habitants dont un tiers de moins de vingt ans (contre 26,5 % pour la France entière), 18,3 % d'étrangers (contre 6,3 %), 19,7 % de chômeurs (soit deux fois plus que la moyenne nationale), 57,7 % d'actifs (contre 55,3 %) et 55,3 % de locataires (soit quatre fois plus que la moyenne nationale). Cette politique s'accélère en 1992 avec un risque de redondance : on dénombre alors 68 sites pilotes pour l'intégration, 735 conseils communaux de prévention de la délinquance et 554 zones d'éducation prioritaires. Le comité interministériel des villes du 29 juillet 1993 choisit la continuité mais simplifie les mesures : cinq milliards de francs supplémentaires sont affectés à cette politique, mais la dispersion des crédits s'amplifie. Douze grands projets urbains sont confirmés. Deux cent quatorze contrats de ville visant en priorité la lutte contre l'exclusion, la modernisation des services publics et la prévention de la délinquance ont été engagés dans le cadre du XIe Plan.

Quartiers : étymologiquement, portion d'un tout divisé en quatre parties. Les quartiers urbains sont d'anciennes unités autonomes dans la ville : celles-ci se sont distinguées par leur peuplement (quartiers de minorités nationales ou ethniques), par leur fonction (quartiers d'affaires, d'industries, de garnisons, de commerces, etc.), par l'âge de leur construction (vieux ou nouveaux quartiers) ou par leur position (quartiers centraux ou périphériques). Mais le quartier relève surtout de l'« espace vécu », c'est-à-dire d'une représentation claire de la communauté d'appartenance. Il constitue un lieu de vie avec ses repères, ses activités, ses relations, et ses flux invisibles. Il est parfois confondu avec les « cités ».

Ségrégations : du latin *segregare*, mettre à l'écart du troupeau. C'est l'action de séparer des éléments, par exemple des individus d'origine ou de religion différente à l'intérieur même d'un pays, d'une ville ou d'un quartier. Par extension, c'est le fait de différencier un groupe social en vue d'un traitement spécifique (*cf.* le régime d'apartheid en Afrique du Sud jusqu'en 1991).

ZAC : zone d'aménagement concerté, placée sous la responsabilité de la commune depuis 1985. Elle est créée par la loi d'orientation foncière en 1967, loi qui a également donné naissance aux plans d'occupation des sols (POS) et aux schémas directeurs d'aménagement et d'urbanisme (SDAU). La ZAC est la procédure la plus courante de l'urbanisme opérationnel aujourd'hui.

Zonages : terme d'urbanisme emprunté à l'anglais (*zoning*) qui renvoie à la division réglementaire de la ville par zones en vue d'en maîtriser le développement. Chaque portion d'espace se voit attribuer un statut et une fonction.

Zone : la première « zone », au singulier, s'étendait au pied des fortifications de Paris, construites par Thiers en 1845, sous le roi Louis-Philippe. Elle représentait une ceinture intermédiaire non constructible de deux cents à trois cents mètres de largeur et couvrant quatre cents hectares au total, entre la capitale et la banlieue. Jusqu'à sa destruction au début des années 1930, elle était occupée par des abris de fortune et rassemblait les populations les plus pauvres. En 1926, la zone abritait quarante-deux mille personnes dans quinze mille baraques environ. Les « zones » modernes ont une simple signification fonctionnelle ou fiscale.

ZUP : zone à urbaniser en priorité, instituée en décembre 1958 et en usage jusqu'en 1969. Le sigle, devenu nom commun, renvoie pour l'opinion au principe de la ségrégation urbaine. En fait, les ZUP répondaient, dans les années 60, à une nécessité précise : normaliser l'expansion urbaine par un effort de construction en banlieue et résorber massivement le déficit de logements. Elles bénéficièrent de l'industrialisation massive du bâtiment et de l'utilisation du « chemin de grue » qui permettait de faire rouler la grue sur des rails et de construire des barres pouvant atteindre quatre cents mètres de longueur. En principe, leur capacité minimale était fixée à cinq cents logements. La loi d'orientation pour la ville votée en 1991 a supprimé les ZUP pour libérer les sols et permettre ainsi la réintégration urbaine des grands ensembles.

Bibliographie

Ouvrages

Histoire et géographie

BACHMAN, C., *Violences urbaines ; Ascension et chute des classes moyennes à travers cinquante ans de politique de la ville*, Albin Michel, 1996.

BASTIÉ, J., *La Croissance de la banlieue parisienne*, coll. «Recherches», PUF, 1964.

BEAUJEU-GARNIER, J., *Atlas et géographie de Paris et la région parisienne*, Flammarion, 1977.

BODY-GENDROT, S., *Ville et violence*, PUF, 1993.

FAURE, A. (sous la direction de), *Les Premiers Banlieusards - Aux origines des banlieues de Paris 1860/1940*, Creaphis, 1991.

FOURCAUT, A. (sous la direction de), *Un siècle de banlieue parisienne 1859-1964*, L'Harmattan, 1988.

RONCAYOLO, M., PAQUOT, T. (sous la direction de), *Villes et civilisation urbaine, XVIIIe-XXe siècle*, coll. «Textes essentiels», Larousse, 1992.

Sociologie

BRUN, J. (et alii), *La Ségrégation dans la ville*, L'Harmattan, 1994.

CASTEL, R., *Les Métamorphoses de la question sociale*, Fayard, 1996.

DELARUE, J.-M., *La Relégation*, Syros, 1991.

DONZELOT, J. et ESTEBE, P., *L'Etat animateur – Essai sur la politique de la ville*, Esprit, 1994.

DUBET, F., LAPEYRONNIE, D., *Les Quartiers d'exil*, Le Seuil, 1992.

FERREOL, G. (sous la direction de), *Intégration et Exclusion dans la société française contemporaine*, Presses universitaires de Lille, 1992.

GALLISSOT, R., et MOULIN, B. (sous la direction de), *Les Quartiers de la ségrégation, Tiers Monde ou Quart Monde ?*, Karthala, 1995.

PAUGAM, S. (sous la direction de), *L'Exclusion, l'état des savoirs*, La Découverte, 1996.

PINSON, D., *Des Banlieues et des villes*, Editions ouvrières, 1992.

ROMAN, J. (sous la direction de), *Ville, exclusion et citoyenneté*, Editions Esprit, 1993.

SOULIGNAC, F., *La Banlieue parisienne, 150 ans de transformation*, Documentation Française, 1993.

VIEILLARD-BARON, H., *Banlieue, ghetto impossible ?*, Essai, Edition de l'Aube, 1996.

Revues

Annales de géographie, «Deux ZAC de banlieue en situation extrême» par VIEILLARD-BARON, H., n° 564, 1992.

La Ville reconquise, Association « Ville et banlieue », La Documentation Française, 1985.

Autrement, «Banlieue rouge-1920/1960», Mémoires, n° 18, octobre 1992.

Cahiers du CREPIF, « Quel avenir pour les grands ensembles ?» n° 17, décembre 1986.

Espaces et sociétés, «Villes, sciences sociales, professions», n° 84/85, L'Harmattan, septembre 1996.

Esprit, «La France des banlieues», n° 2, février 1991.

Esprit, «La France de l'exclusion», n° 6, juin 1992.

Hérodote, « Après les banlieues rouges », n° 43, octobre 1986.

Hommes et migrations, « Sarcelles ; vivre dans les grands ensembles», n° 1181, novembre 1994.

Les Annales de la recherche urbaine (Plan urbain) :
«Immigrés et autres», n° 49, décembre 1990.
«Parcours et positions», n° 64, septembre 1994.
«Politiques de la ville, recherches de terrain», nos 68-69, décembre 1995.

Panoramiques : WIHTOL de WENDEN, C., DAOUD, Z. (textes réunis par), «Banlieues, intégration ou explosion ?», Arléa-Corlet, n° 12, 4e trimestre 1993.

Projet, «Pour la ville», n° 243, automne 1995.

Villes en parallèle, «Les crises de la banlieue aux XIXe et XXe siècles», Laboratoire de Géographie urbaine de Paris X, n° 10, juin 1986.

Table des références

p. 13 : Lombard-Jourdan A., *Oppidum et banlieue*, in « Annales ESC », mars-avril 1972, pp. 373-395.

p. 16 : Rey A., « Vous avez dit banlieue ? », in *Le Débat*, n° 80, mai 1992, pp. 229-237.

p. 23 : Fanouillet J., *L'Influence des villes ne cesse de s'étendre*, « Données sociales 1993 », INSEE, pp. 398-405.

p. 24 : Tabard N., *L'accroissement de la ségrégation sociale en Ile-de-France entre 1975 et 1982*, CREDOC, 1989.

P. 25 : Robert J., *Quelques points de comparaison entre les grands ensembles anglais et français*, Cahier du Centre de Recherches et d'Études sur Paris et l'Ile-de-France (CREDIF), n° 17, décembre 1986, pp. 68-78.

p. 31 : Faure A., « Banlieue, mon amour », in *Les Premiers Banlieusards*, CRÉAPHIS, 1991, pp. 167-184.

p. 34 : Dubost F., « Le choix du pavillonnaire » ; Fourcaut A., « Naissance d'un quartier ordinaire en banlieue parisienne : le nouveau Domont (1923-1938) », in *Les Premiers banlieusards*, CRÉAPHIS, 1991, pp. 185-247.

p. 36 : Burlen K., (sous la direction de), *Henri Sellier et les cités-jardins, 1900-1940*, Presses universitaires de Vincennes-Paris VIII, 1987.

p. 36 : Meuret B., *Le Socialisme municipal : Villeurbanne, 1880-1982*, Presses universitaires de Lyon, 1982.

p. 37 : Gravier J.-F., *Paris et le désert français*, Flammarion, 1947.

p. 50 : Daudet A., *Le Petit Chose, histoire d'un enfant*, 2e partie, chapitres 11 et 12 (« Le cœur de sucre » et « Tolocototignan »), Folio, n° 979, 1993.

p. 54 : Perrot M., « Dans la France de la Belle Époque, les Apaches, premières bandes de jeunes », in *Les Marginaux et les exclus dans histoire*, collection 10/18, Cahiers Jussieu n° 5, pp. 387-407.

p. 56 :

    Les Apaches de Paris, film de Ferdinand Zecca, Pathé, 1905 ;

    Mon Oncle, de Jacques Tati, 1958 ;

    Hexagone, de Malik Chibane, 1994 ;

    État des lieux, de Jean-François Richet, 1995 ;

    Rai, de Thomas Gilou, 1995 ;

    La Haine, de Mathieu Kassowitz, 1995.

p. 71 : Tabard N., *Représentation socio-économique du territoire*, Division « Études sociales », INSEE, avril 1993.

p. 73 : Laboratoire de géographie humaine, « Études sur les traductions spatiales des phénomènes ségrégatifs en Ile-de-France », CNRS - Université de Paris I, 1987.

p. 74 : *Les Quartiers prioritaires de la politique de la ville*, INSEE Première, n° 234, décembre 1992.

p. 84 : Toubon J.-C. et Tanter A., *Stratégie de transformation sociale des secteurs dévalorisés, l'utilisation de la procédure HVS*, Institut d'aménagement et d'urbanisme de la région Ile-de-France, 1983.

p. 85 : Donzelot J. et Estèbe P., « L'État animateur, essai sur la politique de la ville », *Esprit*, 1994.

pp. 88 et 94 : Idrac F., *Le pacte de relance pour la ville*, in « Regards sur l'actualité », La Documentation française, juin 1996, pp. 19-34.

p. 96 : Béhard D. et Estèbe P., « Le pacte de relance pour la ville », *Esprit*, n° 1996, pp. 155-160.

Index

Dans la même collection

Société, éducation

Mais n'oubliez pas, Dominos c'est aussi la religion,
les arts, la culture, le droit,
l'économie, la politique,....

Ont collaboré à l'ouvrage :
Edition : Catherine Cornu
Conception graphique : Daniel Leprince
Mise en pages : Fabe, Nantes
Recherche iconographique : Marie-France
Naslednikov
Illustrations : Fractale
Corrections : Jacqueline Menanteau, François
Thomas et Isabelle Warolin.

Photo de couverture :

Jardins ouvriers.
Depuis une centaine d'années, dans l'espace très resserré des banlieues, les jardins ouvriers expriment une ruralité résiduelle. Ils sont aménagés sur des terrains découpés en petites parcelles selon des règles très strictes. Il s'agit ici des jardins ouvriers du quartier des Petits-Bois à Versailles ; ils servent de potagers aux habitants des immeubles sociaux qui se trouvent à proximité.
Ph. © H. Vieillard-Baron.

Achevé d'imprimer en janvier 1997
sur les presses de
de l'Imprimerie Hérissey à Évreux
N° d'éditeur : FC 544201
N° d'imprimeur : 75593
Dépôt légal : février 1997